JN058809

好きな
人が
好きな
ことは
好きに
なる

好きな人が　好きなことは　好きになる

目次

2章 「興味ない」も「好き」になる

3章 一つの「好き」もたくさんの「好き」になる

はじめに

福田　淳です。58歳です。

僕はこれまで連続起業家として、20業種以上の新規事業を立ち上げ、その全てを黒字化してきました。タレントエージェント事業、米国ロサンゼルスでのアートギャラリー経営、カリフォルニア全域と沖縄におけるリゾート施設展開、無農薬農場開発、出版事業、スタートアップ投資などです。

僕は、新しいことが大好きです。誰もやったことがないことに挑戦することに、躊躇《ためら》いがないのです。きっと、自分の限界を知らないからできるのだと思います。「自分の限界はこれくらい」とわかっていたら、新しい挑戦なんて怖くてできません。だから、自分がもっている無謀さを信じ続けました。もっといける、もっといける、と自らを鼓舞し続けてきたのです。

21世紀にインターネットが出たときは、ハリウッド映画の配信を3・5インチのガラケーで始めました。ソニー・ピクチャーズエンタテインメントの幹部たちは、誰も僕がやろうとしたことを理解していなかったに違いないです。いまでは、スマホで映画を観ることは若者の常識になっていますけれども。

Kindleが始まる2008年の4年前から、電子書籍事業を始めました。松本零士、水木しげる、赤塚不二夫などの巨匠漫画家の先生方の電子書籍配信化権を109万ページ分買い漁り、1コマずつ配信をしたのです。その後、その事業は日本でも最大のコンテンツプロバイダーとなりました。

ドコモの課金システムを利用して、2011年に起きた東日本大震災のチャリティを始めました。それが後年、「クラウドファンディング」という名称のサービスになるなんて、そのときは想像もしていませんでした。

これらの仕事は、現在では「スタートアップ」と呼ばれています。私の時代は「新規事業開発」と言われていました。

2017年に自らが創業したソニー・デジタル・エンタテインメントを辞すると、企業のコンサルタントへと転身しました。自分で自由に事業を創造してきたノウハウを、もっと広く他企業に伝えたかったのです。

企業が外部の者を必要とするのは、停滞を止め、再び企業が活性化することが求められるときです。いつの時代も企業というものは、内なるリソースを結集させようと不断の努力をしますが、ある時点で行き詰まると、外の空気を必要とします。この循環がうまくいけば、企業はアメーバ式に大きくなります。

僕がこのような道標なきところを自在に歩き回り、次世代の手がかりを得ることができたのは、全て、人の話から影響を受けた結果です。自分がゼロから考え出したことなんて一つもないんです。驚きでしょ？　どんな優れたビジネスマンも一人では何もできない。優れたリーダーの話には、必ず学ぶべきことがあるんです。そして、その学びは必ず、自分の新しい発想と結びつく。そうです。好きな人のやっていることが好きになる法則が、たしかにあるんです。

２０１４年、コンセプターの坂井直樹さんとの対談から始まったオウンドメディア「トークド」（http://talked.jp）では約10年間にわたり、僕が関心を持った文化人、知識人の方87名の方々と、さまざまなトークを繰り広げてきました。

本書は、そんなエネルギーをいただいた対談相手の方のトークではなく、それを受けて、僕がどういう話をしたのかを抜粋し、さらに僕の「いま」の言葉を加筆してまとめたものです。多くの対談相手がもたらした僕の言葉（リアクション）が、どんなものだったのか。そこから得た知見がやがて、イノベーションを起こす源泉となっていったのです。

＊

起業家としてこれまで多くのビジネスを立ち上げてきた経験から、大学生や若い社会人の方向けの講演オファーをいただく機会が多くあります。

そして講演後の質疑応答の際には、必ずと言っていいほど出る質問があります。それは、「好きなことが見つからない。どうしたらいいのか」というもの。そこで「自分の場合はどうやって、社会に、人に、物事に関心を持ってきたのだろう」と振り返ってみることにしました。「好き」という感覚は、何にもないところからモコモコッと出てくるものではなく、「自分の好きな人がやっていることが、好きなんだな」ということがわかりました。

得意分野は人それぞれあると思いますが、先述の対談を通じて僕は、それまで自分がまるで関心のなかった領域の話に対して、大きく関心を持つようになったのです。35年間かかわっている、このエンタメの仕事しかしていなかったとしたら、決して接することがなかったであろう人たちの生業について知ることができました。そして、彼らの関心がそのまま、自分の関心へと変わっていったのです。

ＬＧＢＴＱについて長年戦っているＮＰＯの人、宗教家、宮大工、人工知能研究者、環境保護活動家、投資家、暗号技術者、医療未来学者、カルト二世、街づくり仕掛け人、武道家、プロサラリーマンなど、ありとあらゆる人たちと話しました。彼らがなぜ、その仕事を選んだのか。どんな人生を歩んできたのか。そして、その仕事の未来をどう考えているのかを聞くことにしたのです。

みなさんの関心は多岐にわたり、それぞれ全く違うのに、そこにはいくつかの共通項があることがわかりました。

それは、「わけのわからないエネルギー」というものが最初にあるということ。「わけのわからないエネルギー」は、理屈だったものでもなくて、ある日ある時、ぱっとその人の体の中で湧き起こり、心を燃えたぎらせるようなきっかけになっているのです。

そのエネルギーは、瞬く間にまわりの人を熱狂させてきたのです。ときに離反もあり、うまくいかないこともあったと思います。しかしそれらを一つ一つ解決し、成果を上げてきた方々の話を聞くにつれ、「だから名を成したんだろう」ということではなくむしろ反対に、「誰にでもできることかもしれないな」と、僕は感じたのです。本書は、その「誰にでもできなさそうで、でも、誰にでもできるかもしれない」という極意について、僕の言葉で紹介しています。

「好きなことがなくてもいいじゃない。そして、好きなことがコロコロ変わってもいいじゃない」。

というのが、この対談から得た僕の感想です。街を歩いていて、「これ何だろう」と思うものや誰かの友達、またその友達に会ったとき、「この人が好きだな」と思う直感を大切にしてほしいと思うのです。大切に思ったら、そのことを大事に生かして、自分でも同じように試してみたらいい、と思うのです。その試みは、必ずしも100%うまくいかないかもしれませんが、失敗の体験というのはお金で買えないもの。だからいろんなチャレンジをした人が、豊かな人生を送れるのではないか。僕は、そう信じてやみません。

「好き」というのは、「好きになった人が好きなこと」であって、それがどういう意味であるのか、本書を手にとってくださったみなさんに、少しでも伝われば幸いです。

連続起業家　福田　淳

1章

「嫌い」も「好き」になる

Q.どうすれば
好きな人ができますか?

A.自分を好きになれば、
好きな人ができますよ。

どんな人も脳にイメージがないと何もできません。自分のことが好きな人は、自分に自信があります。自信がある人は、好奇心と強い心を持っていますから、他人のことも気になります。気になったら、好きとか嫌いという感覚が湧いてきます。だから、自分を愛することが、人を好きになるために必要なんです。

絶望してみよう

絶望も、希望の裏返しだろうと思いますよ。22世紀に行くイカダに、「2人乗ったら沈むけれど、1人なら生き延びられる。どうする?」という設問があります。その答えは、2人の人間が殺し合いをするのではなく、「2人とも乗ってみる」。そう決意することが、唯一残された道じゃないでしょうか。つまり、徹底的に絶望したほうがやっぱりいい。絶望を突き詰めないと、希望に辿《たど》り着けないんですよ。絶望の要素の中に、希望へのヒントが隠されていると思います。

例外ネズミ

大体10人の人がいたら、1人ぐらい変わり者がいるはずなんです。ネズミの実験で、台所の真ん中にチーズを置くと、ネズミの集団は壁にひげが触らないので不安で、誰も取りに行けないんですよ。でも、「オレ、別にひげ当たんなくても平気だから」と例外行動を取るネズミが1匹いて、そいつは真ん中まで行って、チーズを食べることができちゃう。それを見て他のネズミも、「あ、オッケーなんだ」とチーズを食べに行くことができるんです。

この「例外ネズミ」のように、たとえ壁にひげが当たっていない場所でも、魅力的な仕事であれば、リスクを承知で飛び出せるようにしたいものですね。そうでなければ、多くのお客様の心をつかむことはできないと思います。

「限界」設定なし

僕、バンコクではいつもバイクタクシー（オレバイ＝Orange Bike）に乗るんです。乗ったことがある方はわかると思いますが、ものすごく乱暴な運転なんです。バイクの後ろで、ドライバーの背中にしがみついて乗るんです。たまに、転げ落ちているお客さんを交差点で見かけたりします。それでも僕はオレバイが大好きで、乗りたいんです。

数年前、荒っぽい暴走兄弟みたいなオレバイに友達と2人で別々に乗ったら、もうハリウッド映画のアクションシーン並みに歩道も走るわ、迫り来るトラックの間を抜けるわ、死ぬかと思いました。でもすごく楽しくて、アドレナリンが出ましたね。僕にとってサウナが体のデトックスなら、オレバイは脳みそのデトックスです。怖いんだけど、「死と隣り合わせ」的な野生の感覚、大事だと思います。

その感覚は、ビジネスの場でも必要なんですよね。「仕事、失敗したらどうしよう」という人は多いけど、僕は本当に、何も怖くないんです。明日いきなり仕事が来なくなって、収入がなくなったらどうしようとか、いろいろあるじゃないですか。でももう、そういう不安はないです。つまり、自分の限界を知らないのかもしれません。（限界を）知っていたら、やらないです。おすすめはしませんが、自分の限界を決めつけて設定しないという、そういうスタイルもあると思ってください。

アイデアは独り占め

こんな話が毎日のように舞い込みます。「すごいアイデアがあるんですけど、一緒に資金を出しませんか？」とか「これは儲けになりますよ」とか。

私は36年間ビジネスマンをやっていますが、こういう話に乗ったことは一度もないんです。「そんなうまい話があるなら、人に話さないで自分でやってみたらいいよ！」と、その人には直接伝えます。で、それらの話が「大成功した」という後日談も、聞いたことないですが……。

僕には、よほど酷い企画しか来ないのでしょうか？　いえ、違うんです。

「すごいアイデア」を「発案者本人が一人でやらない」と決めた段階で、そのアイデアはすごくない。弱いんです。だから、実現しないんです。僕なら、すごいアイデアは自分だけで独占して、むしろ誰にも寸前まで話さずに実現しようとするでしょうね。
だから、すごい話は他人に話すと、たちまち雲散霧消するのです。

追い詰められたときは、
「もう一人の自分」という別人格をつくる。
そして、その自分と対話する。

緊張して怯えている自分を切り離すことによって、バランスを保つことができると思います。だから失言で炎上してしまう政治家の人たちはきっと、「別人格の自分」は持っていないのでしょうね（笑）。

仮想社長

サラリーマンを長くやっていると、なぜ考える力が落ちる人が増えるのか、と考えてみました。

新卒の22歳から60歳までの約40年間、ずっと課題を与えられ続ける。「今年のタスクはこうだ」「来年の予算、予実はこれ」「3カ年計画だぞ」とか言われてね。だからどんなに優秀な人であっても、自分で考える能力が鍛えられていかない。安定と引き換えに、考える力を奪われてしまわないためには、あえて自分に不安要素を与えてみる。すると意外と、いつクビになってもやっていけます。

僕は新入社員のときから自分を勝手に「社長」と思っていて、だから上司に怒られても気にならない。だって自分が社長なんですから。気持ちの上では社長感覚であり続けると、安定から程遠い感覚が得られます。
社畜にならないヒントは、仮想社長であり続けることかもしれません。

ストリート経営

　ストリート経営とは、よくある企業の3カ年計画とは真逆の経営手法を指します。

　大企業に勤めていると、毎年このイベントが行われるのです。あるとき、僕は上司に言いました。「今日、3カ年計画を話し合うために幹部が集められましたが、今日という日が過去に議論した3カ年計画の結果を本当に達成したのかどうか、検証しないのでしょうか？」と尋ねました。すると上司から「過去はいいんだよ。これからが大事なんだ」と返されました。もっともらしく聞こえますが、意味が理解できません。僕なんか、来年のこともわからないです。

　みなさん、想像してみてください。3年先はさっぱりわからないけど、3カ月先ならやれることをプランできるのではないでしょうか？　つまり、人間の頭脳の限界って、こんな感じなんだと思います。

だから僕は、ストリート経営を薦めています。これは「次の角まで行かないと、その先の風景が見えない」というような経営手法です。

ストリートスマートでいきましょう。

完璧の罠

企業を相手に企画を説得するときは、毎週のように通い続けることが大事です。プレゼンの時間よりも、「接触頻度」なんです。

大抵の予約困難な寿司店と同じで、帰るときには必ず、「次は3カ月後でなければ予約は取れませんよ」と店員から言われるので、お客は次のアポを取るんです。もちろん美味しい寿司であることは必須ですが、接触頻度を上げ続けることで常連客が組織化され、予約困難店になるのだと思います。

だから、ビジネスマンが素晴らしい企画を持っていたとしても、そこで遠慮をしていると、仕事そのものがなくなってしまうのです。人はやっぱり、人のエネルギーで動くことがある。必ずしも、妥当性だけではない。たとえ不完全なものでも、ものすごいエネルギーに触発されて、相手も思わず参加してしまうようなやり方が大事なんです。むしろ不完全な企画のほうが進む場合が多いです。

人は、人の役に立ちたいと思うものです。だから営業マンのエネルギーは超大事。そうでなければ社会を動かすことはできません。

筋肉質なお金

昔から関西のビジネスマンは、「人にお金を使ったほうがええよ」って言います。人にお金をあげたり、突発的に面白いと思ったものを買ったり、理屈では説明できないお金の使い方をするんです。「そうしたらいつか、お金は戻ってくるから」って言うんです。

でも普通、そんなふうには考えられないじゃないですか。散財したお金が戻ってくるなんて。

でも実際は、銀行の定期預金よりも複利がついて戻ってくる。なぜなら、お金はストック（じっとしている）よりもフロー（自由に動き回る）するほうが性に合っているからです。そうしてお金自身が、筋力をつけるんですね。

ただ、生きたお金の使い方をしなければ、お金の筋力はつかない。じゃあどうやってその目利き力をつけるのかというと、たくさんのムダ遣いから学ぶしかないんですね。

だからどうぞ、お金は貯める一方ではなく、時々は使ってくださいね。

お金はじっとしていると、日々衰弱していくのです。お金を使うために、世の中の出来事にたくさんの興味関心を持ちましょう。それこそが、ビジネスマン自体の筋力アップとなるでしょう。

偶然売れるものなし

商品が「売れる」とか「売れない」とかって、偶然ではないと思っています。ビジネスの解決には、仮説立案能力が本当に大事なのです。

2年ほど前、大企業のコンサル料よりも安い設定のコンサルコースを「スタートアップ5社限定」でつくりました。そうしたら、若い経営者にものすごく人気が出て、結果的には本来その経営者が判断すべき案件を、僕がジャッジしなければいけない事態になりました。

経営は、仮説と検証の連続なんですよね。

以前、P＆Gのマーケティングに関わったことがあるのですが、シャンプーとか石《せっ》鹸《けん》とか、非常にコモディティ化（一般化）されたものを売っているので、「理屈がないと売れない」というところが僕は面白くて大好きでした。「シャンプーの新商品に蜂蜜成分を入れました」とか「マス広告をやめて、店頭のPOPだけにしたら売り上げが10%上がりました」とか、すべて仮説に対する検証を繰り返し行っているわけです。だから「なんとなく売れる商品なんて、ないんだな」と実感することができたのです。

経営者は、売れた理由について自分なりに検証し、理解しないと、次の手を打てないものでしょう。

プロのアマチュアリズム

僕が大事にしているのは、「プロのアマチュアであること」なんです。

30年以上、マスメディアの仕事しかしてこなかった自分が、50歳を過ぎてからバーやホテルをつくりました。でもそんなことをした経験、これまで全然ないんですよ。バーやホテルを経営するためには、「従業員が日本人であることを警察に証明しなくてはいけない」とか、「ホテルの非常口のライト、何ルクス？」とか、必要な知識を何も知らなかったんです。10席のカウンターバーで、水は一晩で何リットル必要なのか、全く予想もつかないでしょ。

でも、わかってくるんです。「これくらいの営業時間だと、4リットル用意しておけばいいな。どうせならいいお水を用意して、常温のものと冷やしたものを用意しておこう」と、工夫ができるんですよ。最初からこの仕事をしていたら、きっとそこまで深く、用意すべき水のことまで考えなかったでしょう。

知らないから、興味があるんです。でも「知っている」と思い込んだら、「自分はプロだ」という思い込みから、大切なことを見落としてしまう。だから僕は、プロのアマチュアであり続けたいんです。

プロであればあるほど、
外からの情報の幅は少なくなる。
アマチュアであればあるほど、
情報は入ってくる。

「私、プロなんです」と言うためには、必要な知識や経験があると思うのですが、「私、アマチュアなんです」と宣言することによって広がる世界観のほうが、ずっと大きいと思いませんか？

需要をつくれ！

商売というのは、新しい商品を一方的に、「知ってください」「買ってください」というのが原理だと思い込んでいる人が多いですね。だから新商品をつくると、「どうやって買ってもらえばいいのか」と考えがちなんです。でもマーケット（カスタマーとその気持ち）に、解はない。

つまり優れたビジネスマンは、需要そのものをつくってしまうことができるんです。

仮想通貨は国家が保証していないから、非常に不安定なお金です。でも誰かが「価値がある」と思えば「価値になる」という好例。パチンコで大金持ちになった人を僕は知りませんが、それでもパチンコが大好きな人はずっといるじゃないですか。損をしてもそれが楽しければ、その経済圏はできちゃうんです。

つまり仮想通貨もパチンコも、新しい需要をつくったという意味では、画期的なビジネスモデルだと思いませんか。だから「こんな商品のニーズはないよ」と言われたことがあるビジネスマンは、そんなの気にせず、新しい社会の需要をつくり続けるチャレンジをしてください。

壊すことがブランディング

ブランディングって、歴史じゃないんです。どれだけ歴史を崩してきたか。それがいちばんのブランディングになるんです。僕が何を言っているのか、さっぱりわかりませんよね。

高級腕時計ブランドを例に説明させてください。誰もが知るブランド時計といえば、ロレックスです。100年以上の歴史があります。100年生き抜いてきたことでブランドをつくったといっても過言ではないでしょう。ですが一方で、フランク・ミュラーもみなさんが知る有名ブランドです。でもフランク・ミュラーが有名になったのは、1992年の創業からたった数年後。ロレックスよりも短い期間で、肩を並べるほどのブランドになったのです。

それは「簡素な素材で豪華なものを生み出した」「サイズバリエーションが豊富」「はちゃめちゃなデザイン」。つまり「時計とはこういうものだ」という概念をことごとく打ち崩すイノベーションがあったからです。崩したから、新しいんです。わかりますか。ルイ・ヴィトンも同様です。ダミエ柄だけを大切にしていたら、ブランドは消えていたかもしれません。でも1997年、アーティスティックディレクターにマーク・ジェイコブスを起用したことによって、パンクなアーティストのスティーブン・スプラウスや現代アーティストの村上隆などが自由に伝統を壊すことができた。それがさらにブランドを新しく見せ、強固なものに変化させました。1851年に創業した高級ファッションブランド、アクアスキュータムは初期に知られたブランドテイストを崩してはいけないと考え、時代に合わなくなった結果、身売りすることになりました。

優れたイノベーションを起こしたとしても、それをもう一度ぶっ壊す。そうしなければ、ブランドは強くならないのだと思います。

未完成の時代

大手ホームセンターのカインズが、２０２１年12月に業績不振だった東急ハンズを買収しました。

東急ハンズも、以前はカインズ同様に〝Do It Yourself.〟と謳《うた》って、ありとあらゆる素材の板やネジを並べていました。そこに来る人は、自分たちのつくりたいものを実現するために一日中店にいて、プロフェッショナルな店員さんたちとコミュニケーションをとっていたんです。

つまり初期の東急ハンズは、「未完成品を売りにする」ビジネスモデルだったわけです。それがいつの間にか、一部のフロア以外は完成品の商品を並べるようになりました。でも完成品という、どこで買っても同じようなものは、もう必要ない時代になってきた。なぜなら必要なものはすべて、20世紀のうちに手に入れることができたからです。21世紀は20世紀より余暇がたっぷりあるので、完成品より、未完成品を完成させるためのプロセスを楽しみたいのです。だから「未完成」な商品を多く売るカインズが、東急ハンズよりも人々に支持されたのだと思います。「不便を売りにする」という企業戦略が正しかったのでしょう。

これからの時代は完成品より、プロセスを楽しんでもらうことが重要なのです。

ブランディングは愛だ！

僕はテック系企業を10年以上経営してきました。たとえば「先週1週間で、スマホで見たデジタル広告の中で記憶に残ったものはあったか」と問われたら、全然ありません。

記憶に残る広告といえば、かつてのサントリーの顔が出てくる広告（作家・開高健がサントリー宣伝部にいたときにつくられたオールドのシリーズCM）や、僕が新卒で入社した東北新社でパシリをやっていたときに関わった「I feel Coke」でお馴染みの、コカ・コーラのCMなどです。思い出深いCMが多くあるのは、当時のテレビCMがしっかりとストーリーを語っていたから。「この商品には、こんな背景やつくった人の想いがあるんです」ということを述べているんです。だから、ネットによくある直接的な広告表現「知ってください。買ってください」の一本槍《いっぽんやり》では、脳には届いても、心には届かないのです。あらゆる商品は、みんなから愛されて祝福してもらわないと、存在し続けることはできない運命なんです。

デジタル広告は、平均0・6秒しか見ないと言われています。Amazonで買い物をすると、どのサイトに行っても、買ったものの広告が追っかけてきますよね。あれはリターゲティング、通称「リタゲ」と言います。あんなストーカーみたいなことをされて、「じゃあ買おう！」となったとしても、商品は欲しくなったかもしれませんが、愛着を持って長く愛される商品になるのかどうかは疑問です。

企業というのは、毎年1年で終わりを迎えるわけではありません。花王もトヨタもソニーも、100年、200年繁栄を誇りたいわけです。だからこそ広告の在り方というものを、デジタル全盛期のいまだからこそ、見つめ直すべきじゃないかと思います。だから、「ブランディングが大事だ」と考えています。

「知ってください。買ってください」から「みんなが愛してくれる」マーケティングが大事になっていきます。

会社が個人的になる

最近は、就職活動で会社訪問をする学生から、「御社はどういう社会貢献していますか」と聞かれて、答えられずに困る人事担当者が多いそうですね。

ＣＳＲといっても、ほとんど予算もない感じでやっているのが実情です。ですからＣＳＲブームでも、実際の企業では、短期的な商品販売の売り上げにフォーカスせざるを得ないのでしょう。

意識が高く、内部留保が多い企業であれば、「短期的な利益だけではなく、社会のためになることをやるほうが長期的には利益的である」ということを肌感覚で知っています。後進国の工場で製造される安価なシューズよりも、捨てられた素材を復元して活用した付加価値の高いシューズのほうが、カスタマーには支持される時代です。もちろんそこには、「なぜ捨てられた素材を活かすほうが社会に優しいのか」というストーリーを語らなければなりません。それがCSRの役目なのです。現代の学生は、昭和の学生よりも知識豊富です。その企業が良心的なカルチャーか、悪辣《あくらつ》な企業なのかを知っています。

つまり、良い人が構成している会社のほうが社会に受け入れられやすいし、就職活動中の若者も支持する時代なのです。

コツコツやらずバーッとやる

「Planned happen stance theory（プランド ハップン スタンス セオリー／偶然を計画する理論）[*1]」をひと言で言うと、何となく直感でキャリアを築いてきた人ですね。といってもそれは、とってもポジティブな意味合い。だって昔は、そういうキャリアパスはあまりなかったですよね。「石の上にも3年！」とか言われて、努力した上に長い年月、仕事を辞めることもままなりませんでした。

僕も「コロナ禍になった」↓「東京にいるのが怖いな」↓「じゃあ沖縄に行こう」↓「土地が安いから農業をやろう」……って、何の計画性もないですよね。だけど始めるとやっぱりムキになって、成功するまで止めないんです。

同じような意味合いの言葉で「アンラーニング（unlearning）」*2というのもあるんです。言葉どおり、最初から完璧に学ぼうとはしないということ。トラックをきっちり走らず横切って、ゴールを目指す感じです。僕もそういうタイプで、ビジネスアイデアのゴールのイメージが先に来るんです。「農業のしくみって、もっと効率的にできるんじゃないか？」と思ったら、そこに突き進む。すると「土壌改良していないよな」とか、「ドロッピング（灌水《かんすい》）は？」とか、当たり前に知っておくべきことが後からわかってくるんです。一見、効率が悪いように見えますよね？ でも、突発的にゴールのイメージだけで動いたほうが、プロトコル（正しい道筋）を知ってからやるよりも断然早くゴールに辿り着けるんです。

わけのわからないワーっというエネルギーで突き進めると、他の正しいプロトコルを経た人より、失敗の数は桁外《けたはず》れに多いんですけども、でもなぜか、ゴールには近道なんです。これが「プランド ハップン」と「アンラーニング」の良さなんです。コツコツやるより、バーッとやったほうが、アイデアを早期に実現できます。

＊1　1999年にスタンフォード大学の教育学と心理学の教授であるクランボルツ教授によって提唱された理論。「キャリアというものは偶然の要素によって左右されるものが多く、偶然に対してポジティブなスタンスでいるほうがキャリアアップにつながる」という考え方のこと。

＊2　いったん学んだ知識や既存の価値観を批判的思考によって意識的に捨て去り、新たに学び直すこと。

「真面目な人」は、上手いジョークが言える。

Photo by Silver Screen Collection / Getty Images

コメディアンのジャック・レモンやいかりや長介が名優だったのは、真面目な人だったから。真面目な人は、人間関係の機微がわかるし、思いやりがある。だからこそ、そこを見極めたジョークが言える。「ギャグセン」が高いんです。

後輩は先輩

僕は20世紀後半（1988年）に大卒で映像製作会社に入社して、CM制作の仕事を経験しました。

21世紀になり、マスメディアの仕事からインターネットの会社を起業し（2004年）、10年以上経営したことが自分のキャリアにとってすごくよかったと思っています。いま58歳ですけども、キャリアの中では、アナログの時代のほうがもちろん長かった。だからこそDX化していかないといけないです。それを面白がってやっています。年齢は関係ないと思っていますから。

ただ、それを自分のものにするためには秘訣があります。「後輩は先輩」と考えているんです。

仕事のレベルを年齢で見たり、ジェンダーで見たり、「この業界はこう」と決めつけたりせず、「人で見るチカラ」が大事なんです。もしあなたが「後輩を後輩」として見続けたら、あなたには新しい情報は入らないし、(自分は)どんどん魅力がなくなります。

自分をアップデートし続けるためには、どんなことでも好奇心を持ち、心を広げていなければなりません。

ワクワクは伝わらない

アメリカのビジネスリーダーの多くは、なぜ「禅」に共鳴するのでしょうか。

それは強い自分というエゴをリセットし、フラットに他者とコミュニケーションできるツールと考えているからだと思います。つまり「利己主義」とは正反対の「利他主義」ということですね。

スタートアップのウェブサイトで、「ワクワクをお届けする」などと書かれているのを見かけたとき、僕は全くワクワクしないんです。なぜならそれは、一方的に伝えているだけに聞こえてしまうからです。誰かのためにとか、誰かのために自分ができるといったニュアンスがあれば「ワクワク」が起きるかもしれませんが、そういうのが一切書かれてはいなくて「ワクワクを届ける」と言われたって、響くものがないのは当然です。それこそ、「禅を通じて自らの心に聞いてみて!」って言いたいです。
ワクワクは、自分の中の他人をどう考え、表現していくのかということに尽きます。
それを怠らずにやるのが、ビジネスエリートのあるべき姿なのではないでしょうか。

当たり前をぶっ壊せ

僕は中学3年生から自主映画を撮っていたんです。もう亡くなられたんですけども、『本陣殺人事件』など多くの作品を撮られた高林陽一[*3]さんという有名な映画監督との出会いがありました。高林監督が当時（1980年）30万円のお金を出してくれて、高校生のときに16ミリ作品を撮ったんですよ。その後、日本大学芸術学部に進学したのですが、当時はまだみんな8ミリで撮っていて、「ダサ！」と思いました（笑）。それで同じ大学1年生だけでチームをつくって、16ミリの短編映画作品を撮ったんですよね。マセたガキだったんです。

その後は演劇のプロデュースにのめり込みました。「学生の演劇ってどうして赤字になるんだろう」と疑問を持ち、単価を上げるとすぐに黒字になったんです。学生演劇のお客ってほとんどが家族や親戚、友達でしょう。だったら単価を上げるべきだと判断し、すぐに実行したんです。僕は何でも、「これじゃいけない」と思ったら、すぐにビジネスの方向を変えてしまうんです。そうしたらいつのまにか、クリエイターを目指していたのに、ビジネスマンになっちゃったんです。

ここで大切なのは、「当たり前を疑うこと」だったのではないかと考えています。学生だからお金がない。だったらスポンサーを見つければいいじゃないか。どうせ赤字になってもバイトすればいいや……なんて考えがちな学生演劇を変えるにはどうしたらいいのか。そうやって僕は、当たり前をぶち壊してきたのです。

＊3　高林陽一（たかばやし・よういち＝映画監督　故人）　京都市出身。1950年代後半から実験映画を撮り始め、63年に「砂」でベルギー国際実験映画祭審査員会特別賞受賞。劇場映画も手がけ、代表作に「本陣殺人事件」「金閣寺」などがある。

三大喜劇王で言えば、
チャップリンよりも、ロイドよりも、
キートンが好きです。

pixabay Perlinator

バスター・キートンはポーカーフェイスなんですよ。ポーカーフェイスの人というのは、人知れず人を驚かせたい。そういう生き方が好きなんでしょうね。

ダメな規格外がベスト

僕、沖縄で農業をやっているんです。それで農作物の流通について学びました。〝規格外〟にされちゃった野菜や果実は、たとえ物が一流品でも、大手流通は仕入れてくれないんです。だから農家は仕方なく、そのまま破棄してしまう。それが沖縄の南部だけでも、毎月2トン出ることがあるんです。「なんとかならないか」と相談されたので、破棄されるニンジンの形をよく見たら、人間みたいでめちゃくちゃ面白い。クリエイティブの世界しかやったことがない僕は、「こんな面白いビジュアルは、独特の売り方ができる！」と思いました。商品名やコピーライティングはあの人に頼んで、写真はあのカメラマンに頼んで……などいろいろな発想が浮かんできました。つまり、ものの見方は、少し角度を変えるだけで全く違う世界を広げることができるんです。

アイデアやクリエイティブで、世界を変える。そう言うと大げさに聞こえるかもしれませんが、実際に規格外の農作物たちが大活躍するクリエイティブを後日見つけました。左の写真はフランスで実施されたキャンペーンのポスターです。どうですか？

規格外って最高にいいでしょ？

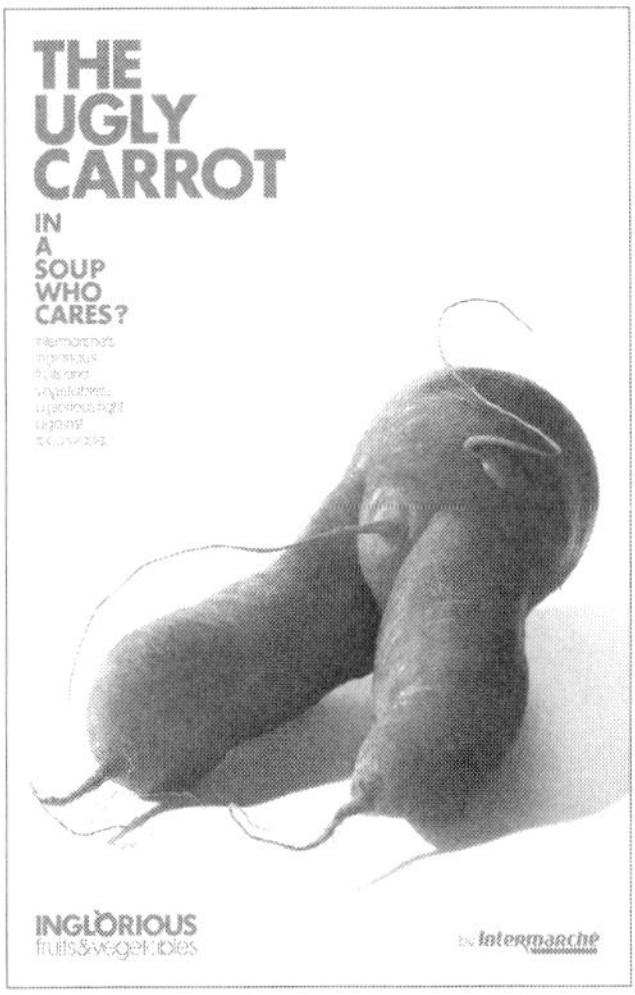

Agency: Marcel
Photographer: Patrice De Villiers

数字のゲーム

どんなジャンルであれ、経営者で数字が弱いというのは問題だと思います。経営者は数字に強くないとダメです。僕も、ありとあらゆる数字の分析をします。数字って見ているといろいろな新しい発見があったり、疑問が湧いてきたりするものです。僕にとって、ビジネスをやる上で絶対に必要なのが、数字を読み解く力。毎日、数字を見ていますが、数字ほど面白いものはないですよ。経営者から相談を受けるコンサル案件では、資本金や借入金の質問をしたとき、自分の会社の数字が全く言えない人がいて驚いたこともありました。

「それはうちの経理がやっていて……」とか言って。いやいやいや……と思うんですけど。「銀行からいくら借り入れをしていますか？」と聞いても答えられないとか。

ある意味、社長というのは専門職でしょう。リーダーとして人を惹きつけるとか、いろいろな要素はあるかもしれませんが、「まずは決算書を読めるようにしよう」とか、「お金が足りなかったら集めよう」とか、「銀行から借りよう」「貯まったらどうやって運用するか」とか、数字にまつわることがむちゃくちゃ多いわけですよね。僕の場合は、その数字に基づいてアートギャラリーやホテルをつくったり、ゲームビジネスに進出したりするだけの話なのです。

僕から言うと、仮想通貨をやることも、いきなり農業やることも、本当に同じモチベーションなんです。いい意味での「数字のゲーム」なんだと思います。

電話ツールで世界を狙え

日本のテック系の有名人が相次いで「電話をかけてくるやつは失礼だ」と発言しているのを知りました。その発言に「いいね！」を押す人たちがたくさんいて、さらに驚きました。

僕はパンデミックを通じて、zoom などのオンラインミーティングを活用するようになりました。そしてパンデミック以降は、「何月何日何時何分にオンラインミーティングをしましょう」という約束だらけになりました。果ては LINE で、「いま電話しても大丈夫ですか?」という、日本でしかありえないようなメッセージがやってきて、いつも笑ってしまいます。どうして思い立ったときに電話をしないんだろう?「相手が忙しいかも」と考えるらしいのですが、忙しければ出ないだけです。出られるなら、すぐに出るでしょう（笑）。こんな便利な電話というツールって、最高にイカしていると思いませんか。「何月何日何時何分ツール」より、「あのさ、用事があるんだけど」ツールのほうが、100万倍便利じゃないですか。

アメリカ人はところ構わずBluetoothイヤホンをつけ、運転中もいつも宙に向かって電話しています。中国人は難しい漢字を打つよりも、音声録音データをチャットアプリで送っています。そして日本人だけが、パチパチパチパチとテキストを打ち続け、「これから電話をしてもいいでしょうか」と忖度しているのです。便利を便利と感じる感覚が、薄れてきたのかもしれません。

相手に忖度しないアメリカ人と中国人は、知らない相手とでも平気で、大きな取引ができます。これは「リモートトラスト力」と呼ばれています。日本人は、知り合ったビジネスマンと新橋で何回か食事をしてから商談に入ります。こんなことをしているうちに、先進国の中で最も生産性の低い国になりました。

いまこそチャットアプリを捨て、電話をかけましょう。

いまいる世界がＳＦなのだ

　成功したスタートアップ企業の創業者の多くが、幼少期からＳＦ小説を読むのが好きだった、という記事を読みました。僕も星新一、小松左京、筒井康隆、眉村卓から始まって、安部公房やガルシア・マルケスの本を愛読しました。いま我々は、先人が見たＳＦ世界を暮らしているのだと思います。起業家にとって、ＳＦ小説で語られる夢はビジネスの原動力になるのです。空飛ぶ車がドローンとなり、世界旅行が宇宙ロケットのようになるのは、間違いないでしょう。

　あるＳＦ作家のショートショートに、あるお金持ちの社長が、歳と共に悪くなった自分の臓器をすべて機械に入れ替えるという話がありました。それですごく長生きして、２００歳ぐらいになったときに執事が「社長の人間としての部分は、歯だけですね」と言うと、「入れ歯じゃよ」というオチ（笑）。きっと臓器なんてこの20年以内には入れ替え可能な状態になるだろうし、それはまさにSFの世界ですよね。いまこの時代の状況を鎌倉時代の人に想像しろといっても、ムリですから。

恐らく昨日の連続が明日なのではなく、「ある日パッとイノベーションが起きて変わる日があるのだろう」と思うから、僕はSF的発想を笑えないのです。ビジネスのリーダーはSF小説を読むべき。

『第四間氷期』（安部公房著）1970年出版。写真は、絶版の講談社・現代文学秀作シリーズ（現在は新潮文庫より発売）。「日本で最初の本格的長編SF小説」と言われる作品

ＳＦはみんなの夢の最大公約数

みんなにとって、「こんなことがあったらいいな」と思える心のゆとりが欲しいものですよね。イーロン・マスクも、人の生活の便利を具現化させるSF的発想を持った経営者ではないでしょうか。SF的発想というのは、心の余裕の最大公約数でもあると思います。

50歳を過ぎたスタートアップ

オーナー企業か、サラリーマン企業か。どちらがいいのでしょう?

僕は幸いにして、両方の経験をしました。当たり前ですが、サラリーマン企業は組織立って、秩序立って物事が進むので、きっちりとした仕事をすることができます。

一方でオーナー企業は組織立っていなくても、ダイナミックに仕事が進んでいきます。サラリーマン企業の仕組みって単年主義で、基本的にコスト管理なんですよね。だからダイナミックに物事は進まない。そしてオーナー企業のプロジェクトは、何年かけて(ビジネスを)やってもいいわけですよ。ずっと同じオーナーだから。でも企業の雇われ社長の場合は期限を区切られちゃうから、「1年で成果を上げなきゃ!」となる。

そもそもビジネスを1年で区切ることに、無理があるんだと思うんですよね。オーナ一企業では突然ゼロから物事が始まるので無理も大きいけれど、ビジネスマンとしての筋力は早くつく。

僕はこの両方のタイプの組織を経験したのちに起業したので、いまは経営する立場と、働く立場の両方の感覚がわかる。だから、経営に熟練していると思います。

つまり、50歳を過ぎてからのスタートアップが、若いスタートアップよりも劣っているとは、全然思わないんですよね。

ヒットの法則は「サワガニを見つけろ」

伝説的イベントプランナー、小谷正一氏が半世紀前に書いた著書『当らん・当り・当る・当る・当れ・当れ』（産業能率短大出版部　現在は絶版）は、1960年代から70年代にかけての日本の流行を取材分析し、ヒットの秘訣に迫ったものです。

エンタメ業界においても、「どうやってヒットを出すのか」というのは永遠の課題です。そんな法則はないのかもしれませんが……。漫画家の故・藤子不二雄（A）先生はいつも、コンテンツというものは「生まれたときから（ヒットするしない）は決まっているから、努力は無駄だよ」とおっしゃっていました。またウォークマンをこの世に出したソニー創業者の盛田昭夫さんは、「いちばん大事なことはマーケティングリサーチをしない。開発商品のことをマーケットに聞いてもそこに解があるわけはない」

とおっしゃっていました。

事程左様にヒットというものは、追いかけると遠ざかるものなのかもしれません。そして僕の経験から言えることは、面白い企画は自分から「見て見て！」とはやってこない。美しい川の中に入って、「これだ！」と思う大きな石をひっくり返したとき、そこに生き生きとしたサワガニを見つけるようなことなのでしょうね。そういう目利き力がどうやってできるのかは謎です（笑）。

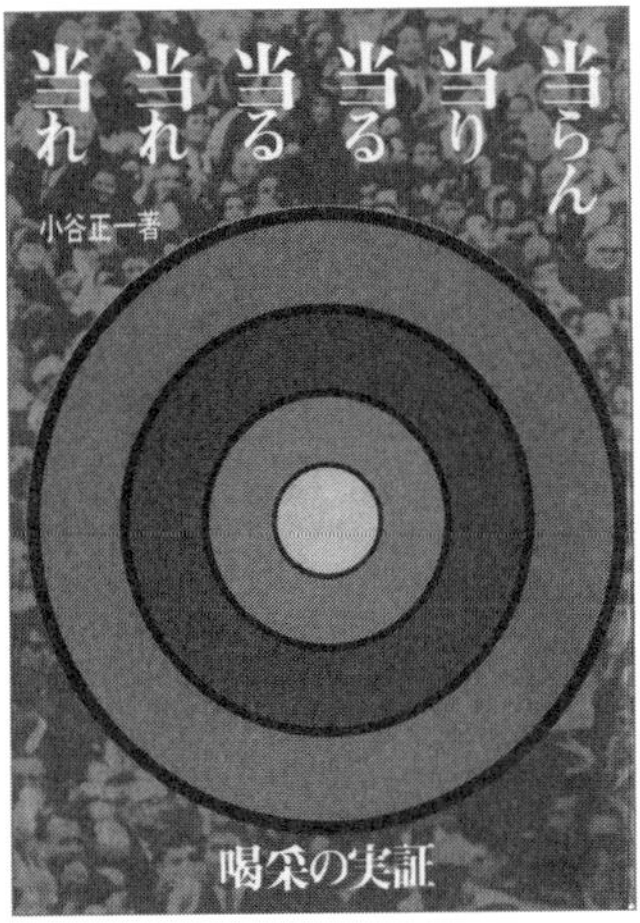

『当らん・当り・当る・当る・当れ・当れ―喝采の実証』（小谷正一著／産業能率短大出版部　＊現産業能率大学出版部）1972年出版。

1000万円が大金で、1億円がはした金

僕はアートギャラリーとタレント事務所という、同じエンタメでも全然違う畑の経営をしていて思うところがあります。

映画業界は、以前と比較して資金集めが大変になっていて、それは僕も以前映画会社にいたので、よくわかるんですよ。でも一方でテック系のスタートアップでは、パンデミックの巣ごもり需要で金余りとなり、現代アートにお金をかけるようなブームになっています。

少し前は1枚100万円の価値だった現代アーティストの作品が、SBIオークシ

ヨンで1000万とか、5000万とか、あるIT社長の後輩は、「アートフェア東京に行って、2億円分買ってきました」とか。とにかく、テック系はむちゃくちゃ潤沢にお金があるわけです。

でも映画業界は、同じ港区にいても、お金が全然ない。両者は全く、交流も接点もないんですよ。テレビ局も映画会社も、漫画原作で流行ったものをテレビアニメやドラマ、劇場にかけていって……という閉じた世界でやっているから、新規参入もほとんどない。一方でテック系はどんどんどんどん伸びているから、「サウナでもつくるかな」というリアルな方向に行っちゃって、ついでに名刺代わりに本を出したりもしています。

幸いにして、エンタメ系とテック系、両方を知っている僕が、リアルとバーチャルの結び目になれれば面白いかなと思っているんですよ。

アート経営の時代

　デザイン経営っていまもまだ流行っているのかもしれませんけど、やっぱりデザインって、クライアントがあって、ゴールがあって、それに向かってやっていくものですよね。でもアートなどの「アーティなこと」は、自由演技というか、体幹も整えずに自らの直感でやっていく話なので、ちょっとステージが違いますよね。

　だから僕は、これからはアーティな経営が大事じゃないかと思うんです。ソニー創業者の盛田昭夫さんとか、スティーブ・ジョブズなどが実践していたような、マーケティングリサーチをしない「アート経営」が大事と思うんですよね。そのアーティスティックな直感で、経営はどうやったらできるか？　街をほっつき歩いて、人を観察して、好奇心と疑問をないまぜにして過ごすことだと思うんですよ。

断る価値

日本のクリエイターの人は、仕事のオファーを断ることに恐れを抱く傾向があると思うんです。

でも、断っていいんですよ。ファーストリテイリング（ユニクロ、GU、セオリーなどの複数ブランドを展開する企業）のグローバルクリエイティブ統括であり、世界的マーケターのジョン・C・ジェイ氏が　広告代理店「ワイデン＋ケネディ」社の代表だったときに、とにかく仕事を断ったそうです。だからみんな、彼に仕事を頼みたい。つまり、「受発注の価値の逆転」が起きるんです。

でも、精神面ではタフですよね。「二度とオファーがなくなるんじゃないか」という心配がつきまとうから。でも自分の価値観をはっきりさせることで、対価以上のブランド価値をつくることに成功しています。

仕事はうまく断ると、次に良い話が必ず来ます。でも、無理難題の多いチープな仕事を仕方なく引き受け続けると、ずーっとつまらない三流の仕事職人になっちゃうと思う。みなさんも気をつけてください。

直感が正しいのはなぜ

マスメディアの効果測定に慣れると、かえってマーケット心理から遠ざかってしまう。

「直感から始まって物事を多面的に見る」と言うのは簡単ですが、ビジネスマンでもなかなかその見方はできません。僕は、その勘の研究と言いますか、「勘とは何なのか」ということを本当によく考えているんです。

それは「降りてきました」などというスピリチュアル系の話ではなくて、いくつかの思うところを組み合わせると突然できる判断とでも言うのか。そんな感じなんです。いい勘のつくり方って。

ブランドコンサルティングとは

「ブランディングって必要なんですか」とやたら聞かれる機会が多いんですね。マーケティングは、知ってもらって、買ってもらうということが目的。だから「営業に行くなら宣伝部」なんですけども、ブランディングは「この商品を愛してください」と伝えること。費用対効果やコスト重視の宣伝部では、ブランディングというものを扱えないんですよ。

つまり、ユーザーに愛してもらうためには、いろんなチャレンジや失敗がある。だからブランドコンサルティングという仕事は、経営者と同じ目線に立って、「これ失敗しましたね」「これは成功しましたね」っていう経験を共にすることでしかできないので、職業としては新しいんですけども、企業に理解してもらう難しさもまたあります。

すぐやる課

僕は、大学を卒業してから、東北新社というCM制作会社に9年いました。オーナーは植村伴次郎さんという方で、2019年に90歳で亡くなりました。東北新社はCM制作でトップ企業です。植村さんはある日、「テレビ局をつくるんだ!」という志から、「スター・チャンネル」や「スーパードラマTV」「ファミリー劇場」などをつくった。僕は、そのチャンネルをつくる最初の社員で、社長直轄だったので、毎日社長と一緒にいたんです。ハリウッドもカンヌも、それこそ世界中に連れていってもらいました。ずっとカバン持ちをやっていましたね。〝すぐやる課〟ってありますけど、まさにそんな感じ。

植村オーナーが始めた衛星テレビ局が、故郷である秋田県の田舎の3000人しかいないケーブルテレビ局に、導入されてない！　ということがありました。明日、早速行ってきます！」と返事をしたら、「なぜ、いまからじゃないんですか！」って怒られました。「わかりました。いますぐに行きます！」その日に行きましたよ。当時はＪＡＳ（現在は日本航空に統合）の羽田―秋田便が１日３便ぐらいあったんです。で、営業が終わって羽田に戻ったら、空港内でピンポンパンポーン♪「福田様、福田様、最寄りのカウンターにお寄りください」とアナウンスが聞こえてきた。スマホどころか携帯がない時代ですからね。カウンターに行くと、オーナーは僕が何時に帰って来るか、全部掴んでいて「福田君、どうでしたか？」（笑）。本当にせっかちな人だった。

「福田くん、すぐに営業してきてください」「わかりました。明日、早速行ってきます！」

だからいまでもスタッフには、「いまやろう」「明日じゃなくて、いまやろう。すぐ取りかかろう」って、言い続けています。

行動を起こせば必ずリターンがある

舘鼻則孝《たてはなのりたか》さんという、レディー・ガガのシューズをデザインしたことで知られる現代アーティストの方と懇意にさせていただいているのですが、彼は弱冠32歳（当時）で、世界的なアーティストの地位を確立しました。

「一体どうやって有名になったのですか？」と聞いたんです。すると、「自分のデザインした革靴を履いてほしい」と、セレブと縁のあるマーケター100人に、慣れない英語でメールをしたのだそうです。それで、レディー・ガガの代理人から連絡があり、あのヒールレスシューズができ上がるわけです。

このように、成功する人はすぐ行動を起こすわけです。

優れたフォロワー

ビジネス本の大半が、リーダー論ですよね。でもリーダーって、僕は100人いなくてもいいと思うんですよ。リーダーは一人でいいけれど、でも一人では、何もできないんです。

そしてリーダーには、優れたフォロワーが絶対に必要なんです。優れたフォロワーには、プロフェッショナルリズムがあると思います。社会に出てずっとプロのフォロワーだったビジネスマンは、会社を辞めてもちゃんと生きていけるんです。

フォロワーには専門性があるから、そういうサービスを世の中に提供してリードしていくことができる。決してリーダー的な強い理念がなくても、社会に役立つことができるんです。いったん社会で役立つと、それは一つの企業として成立する。

だから「人生100年時代だから、会社を辞めて独り立ちして、リーダーとして生きていけ」という強迫観念を植え付けられても、みんながみんなそのアジテーションに乗らなくていいんじゃないかなと思います。自分の特性を見極めて生きていけば、人生それでいいと思います。みんながみんなMBA（経営学修士）を持たなくていい。企業ってわかりやすい数字とか、目に見える頭の良さだけで判断するじゃないですか。「サラリーマン生活のあと、イカ釣り漁船で食べていきたい」ということだって素晴らしい一つの価値観。

だから、社会はたくさんのありようを認めるべきだと思います。

アップグレードした自分がいれば、
人はおのずと集まってきます。

3 2 1

2章

「興味ない」も「好き」になる

お金を上手に使うために、
たくさんムダ遣いをしましょう。
そうすることで、自分自身の考え方を
軌道修正してくれる。

自分がどこに向かって進んでいるのかは、ムダ遣いしてこそわかること。お金を貯めてばかりの人は、それがわからないと思います。

お金儲けは社会のニーズ

経営者の集まりに行くと、そこはお金儲けをしたい人たちが多いから、当然お金儲けの話になるわけです。「何か」をやってお金儲けをするわけですが、その「何か」というものが社会に役立つ、あるいは自分のやりたいことの実現である、というのでなければ、僕にとってはお金儲けそのものが人生の無駄では、と感じます。

ＩＴの会社を14年経営しましたけれども、競合の半分以上の社長さんが東京からいなくなりました。「お金、お金、お金」と言っているから、脱落したんだと思っています。会社というのは、社会に対するコミットメントがあってやるものだから、それなしに「お金」だけを目指すと、短期的にはよくても長期的にはダメになる。起業家は自分の使命を見つけたら、それが後から変わってもいいから、「いまはこれ」と思っている間はそれを大切にして、追求するべきなんです。そこに「1ミリでも近づこうとする人間」だけしか、社会は受け入れてはくれない。

自分の考えが社会とつながっている時間と空間だけが利益になるし、儲かる。そして儲かるというのは、「社会の需要を掘り起こした」ということを意味することなんだと思います。

変わらないもの

「最新のテクノロジーはこう使いこなせ!」というような情報が溢れて、「もうついていけない」と、みなさんが感じることがありますよね。でもついていってもいかなくても、どっちでも良いんです。

新約聖書のマタイ伝第九章の一節に「新しいお酒は新しい革袋に」とあります。僕は、「お酒の味というのは変わらないし、24時間も変わらない」と解釈しています。ですから僕は、人間の変わらぬ営みそのものを大切にしていかなくてはならないんじゃないかなと、思います。

そのためには、全ての人が五感を全開にして生きていける社会環境が必要です。アイデアを愛する、エンターテインメントを愛する。キラキラしたものを世の中に提供したいという志をお持ちなら、どんなに時代が変わっても、「変わらないもの」に目を向けることが大切です。まず「1日24時間」というのは変わりません。その限られた中で寝る時間と食べる時間は絶対に確保しなければいけない。同時に、友達と遊んだり、映画を観たりする時間も間違いなく必要なんです。

エンタメの歴史を見るとよくわかります。映画がメディアの主役の時代においては、みんな映画で愛や友情を知ったであろうし、漫画の時代は漫画を通じてハラハラドキドキして、テレビの時代はテレビで大笑いして、ケータイ小説が流行ればケータイ小説で感動して泣いてきたんです。

デバイスは変わっても、そこで表現されるものは、原始の時代から不変なのです。

いつもベストバージョンな自分

もし「自分にはアップデートが足りないところがあるな」と感じたときは、どうしたらいいのでしょうか。

書店に行って売れ筋のビジネス書を手に取ってみたり、流行のレストランに行ってみたり、友達に「最近の流行りを教えて」などと言ったりするかもしれませんね。でも、そのようなアップデートは翌日になれば、陳腐なものとなってしまうでしょう。自分をつねにベストバージョンにしておくには、先人の叡智《えいち》から学ぶところがあることを知っておいたほうがいいでしょう。

「好きなことは普遍である」という言葉を思い出してください。マンガ『はじめ人間ギャートルズ』（園山俊二作）のような原始時代から、一日24時間というのは人類が始まってから一回も変わっていない。だから僕らは、この普遍であるという「好きなこと」ばかりをやっていていいんです。好きなことばかりやるというのは、ものすごいクリエイティビティと、ものすごい知力と、ものすごい体力がいるんです。そのためにはいろんな固定概念を捨てて五感を全開にして生きるのです。

自分をアップデートするのに、「昔から全く変わらない普遍的なことをするなんて、矛盾していないか？」と思う方もいるでしょう。でも違うんです。

恋をしたり、旅をしたり、何気なく寄り道をすることが自分を豊かにし、まわりから見ると、知らぬ間にアップデートされた「ベストバージョンの自分」になっているのです。人はある特定の関心事ではなく、たくさんの好奇心を持った人間が好きなんです。だから自分をアップデートするには、普遍的な、人としての暮らしを楽しむのがいちばんなんです。

つねにベストバージョンの自分でいましょうね。

太っちょの友達は太っちょ

毎日普通に過ごしていると、いつの間にか、すごく狭い世界に入り込んでしまうことってないですか。

とくに生活ってルーティンがあって、冒険がない。だから、3年ぐらい同じところに住んでいるだけで地域に「同質化」してしまい、新しさに気付かなくなります。そこが世界のすべてだと勘違いしてしまうんです。まわりの友だち3人が太っていたら、あなたも太っていくことでしょう。脳は狭い世界の影響を受けてしまうんですね。

人間って怠惰だから、「出なきゃ出ないで楽か」みたいなところ、あるじゃないですか。逆に僕みたいに外に出るのが大好きっていう人、むしろちょっと特異体質かもしれないです（笑）。

この間何かの統計で、世界の中でいちばん自分の国から出ない国ナンバー1が日本だったんですよね。想像つきますよね。いちばん外に出るのがオーストラリア人でした。たしかにオーストラリア人って、インドネシアに行っても、どこ行っても必ず見かけますもんね。ロシア人も結構見ますよね。だからロシア人と、オーストラリア人って「ストリート系」かもしれないです。そして日本は、「ホーム系」ですよね（笑）。

だから、せめて一年に一回くらいは、海外旅行してみませんか？

物事は「楽観的に」疑え！

人間ってすごく意志が強くても、かなりまわりに左右されちゃう生き物じゃないですか。

だから疑う気持ちを強く持たないと、好奇心が湧いてこないんですね。それは決して、「疑う力が強いと強い意志が得られる」ということではないんです。「疑うことの発想を持ち続けることで、自分の見識が広がる」と言いたいのです。

ノーベル賞を取った医学者の本庶佑《ほんじょたすく》さんが、小中学生へ語った言葉を引用させていただきます。

「いちばん重要なのは、不思議だな、という心を大切にすること。教科書に書いてあることを信じない。つねに疑いを持って本当はどうなんだろうという心を大切にする。

つまり、自分の目でものを見る。そして納得する。そこまで諦めない」

僕はエネルギー問題については結構、楽観視しています。ヨーロッパの環境活動家の若者が、「気候変動によって生命が失われるかというときに、芸術なんていらない！」とゴッホの名画にスープを投げた事件がありましたよね。でも月のヘリウム3が核融合発電の燃料になるという説もあるし、2050年頃には気候変動問題も解決しているかもしれない。そういう、報道されていることだけを鵜呑みにしないで、疑うことで新しい発想も出てくるわけなのです。「スープ缶をアートに投げる暇があったら、理系の大学に行って勉強して！」と思ってしまいました。ちょっと極端かもしれませんが（笑）。

科学のジャンルでは、数年前はアジェンダにも挙がっていなかった解決策が急に見つかって、バズワードになるものがありますよね。先程のヘリウム3とか。ゲノム編集なんかも、あれで農業の効率が一変したわけですよね。

良い疑いは自分の進化につながります。

暇つぶしは最高のエンターテインメント

人類の歴史は、暇をつくる作業だったと言えます。人は便利になると、どんどん暇になります。原始時代は冷蔵庫もコンビニもありませんから、自分で狩りをして獲物を取ることで一日が終わりました。18世紀に農業革命が起こると、効率的に大量の小麦を栽培することができるようになり、餓死する人の数が減りました。また医療の発展に伴い、人間の寿命は2倍にも3倍にもなりました。

21世紀の現代においては、インターネットがますます人の生活を便利にし、結果、膨大な暇つぶしが必要となりました。「暇がある」というのは、現代がつくり出した最大の発明だと思っています。世界中の暇そうな店では、店員さんが延々とスマホゲームをやっています。高層ビルで働くビジネスマンは、エレベーターに乗っている間もスマホでさかんにやりとりをしています。大量にある暇をどうやってつぶすのか。これは現代に生きる人の最優先課題です。

暇つぶしをクリエイティブにできること。それがエンターテインメントビジネスが必要な根拠なのです。今日を精一杯生きるために必要な食べ物を得るのに丸一日かかってしまう。そんな時代のことは想像すらできません。生きるために食べること。風雨を凌《しの》いで屋根のある家で眠ること。生きていくための最低条件を確保することと同じくらい、人生に必要なものは最高のエンターテインメントに触れることではないでしょうか。

僕が関わっているエンタメビジネスは、「人が生きる上で、それほど必要ではないもの」と思われることがありますが、この膨大な暇つぶし時代においては、エンタメビジネスこそが、人類の暮らしにとても必要なものと思っています。

人生１００年時代に必要なものは、
丈夫な足腰と、柔軟な適応力。

万が一寝たきりになっても、電脳（バーチャルリアリティ）のプロになってほしいと思います。足腰も鍛えるけれども、同時に電脳の世界も鍛えることが大切だと思います。

「知らない」を「知る」

多様性多様性って言いますが、言葉で言われても、感覚がよくわからないですよね。世界中を旅すると、同じ惑星なのに、みんな違うんです。

何が違うかって？　肌の色も違えば、言葉も違います。コミュニケーションの仕方もリアクションも、すべて違うんです。食べ物も風習も歴史も違います。

ニューヨークの人は早口で、沖縄の人はのんびりしている印象です。でも、韓国人やブラジル人、女でも男でもＬＧＢＴＱでも友達になれば、どこの国の人だろうと関係ないんです。中国人と韓国人のベストフレンドがいたら、その国のことを嫌いにはなれない。だから人は、排除できないんです。まずは旅に出てください。行ったこともないのに、文句ばかり言っていてもリアリティがないと思いますよ。

安定がない人生がデフォルト

僕が社会に出たのは1988年22歳のときでした。日本は最高に景気のいいバブル時代でした。サラリーマンとしてCM制作会社に入り、毎日わけもわからず走り回って仕事をしていたものです。当時インターネットはなく、会社のフロアに1台だけパソコンがありました。パソコンの横にノートがかけてあり、使う順番を決めていたものです。昼間はなかなか順番が回ってこなくて、接待が終わってから会社に戻り、予算会議に必要な罫線の入った表グラフをエクセルでつくって、数字をプリントアウトしていました。信じられないでしょ（笑）。ペラペラの薄い8インチのフロッピーディスクは調子が悪いと磁気が薄れ、うまく保存できずに何度涙で濡らしたことか。僕のビジネスマンライフの3分の1はインターネットがなかったんです。

当時の成功するキャリアパスは、一つしかありませんでした。良い大学に入ることで良い会社に入る。そうすれば、生活は安定する。その導線しかなかったんです。

僕が22歳のとき、現在のようなインターネット革命後であれば、キャリアの選択は複数あったと思います。パンデミックでオフィスが閉鎖され、大学にも通えず、豊かな人間関係を経験できなかった若者はさらに、サラリーマンの道を選ばなくなっています。そのような背景から、日本でもスタートアップが流行り始めています。

いちばんわかりやすいのがYouTuberになることでしょう。次にスマホを活用したアイデアで事業を起こすことが主流となっています。ある調査で、新卒でサラリーマンになった人と、起業家を選んだ人の20代の8年間の総収入の違いを知りました。20代の初期の段階ではサラリーマンが安定していますが、最終的にはスタートアップした人の収入が多い、という結果に。平均値ですからスタートアップした人の中でも時期によって幅はあると思いますが、総じてスタートアップのほうが収入が高かったのです。

みんながみんな、スタートアップで競争して生きていたら、日本はこんなに忖度文化にはならなかったかもしれません。安定を追求して生きていくばかりでは、当然チャレンジもなくなり、まわりの目を気にするようになり、丸くなるものです。

人生に安定などないのですから、これから社会に出る方は、ぜひ進んでスタートアップを選びましょう。ただし僕が独立したのは52歳からです。ものごとに遅いということはありませんので、参考までに。

変化が怖い人へ。

「怖い」を克服したことがありますか。
「怖い」は、克服すればするほど、
快感になるんです。

インターネットが奪った欲望

いまどきの子どもに、「将来は何になりたい？」と尋ねても、なりたいものが何もない、という声が多いそうです。

ネット以前は「スパイになりたい」とか「野球選手になりたい」とか、何かありました。インターネット時代は、どんなリアルな経験も疑似体験できてしまうところがあるし、体験することのリアリティがなくなってしまっていますよね。決して、それが悪いわけではないんです。でも、人間が脳で感じる経験値って、バーチャル価値ではなく、リアル価値なんです。これは脳医学の専門家から聞いた話です。

本来、お金を使うことは、何かの欲望とのトレードオフですよね。「買いたいものがあるから稼がなきゃ」みたいなことだってある。それがインターネットメディアの普及で、若者の物欲がなくなってしまったんです。車もいらない。旅にも行かない。ブランド物もべつに欲しくない。でも物欲は、リアル体験の総量と比例しているんです。

だから、信じてください。「スマホを捨てよ町へ出よう」

「イケルイケル」で夢が実現

先日、とある講演会に招かれて、質疑応答のときに「どうやって夢を実現したらいいんですか?」って聞かれたわけです。それで、こんな話をしたんです。

深夜にタクシーで帰宅するとき、高速を降りるとすごい勢いでスロープを降りて、環8をUターンして、住宅街を抜けた先に家があるんです。で、いつもUターンの手前の信号が黄色になる直前のタイミングを見計らって、静かに運転手さんにつぶやくんです。「行ける」って。そしたら、すーっと行ってくれるんです。もしかしたら、ギリで止まらなければいけないかもしれませんが、でもギリで行けるんですよね。

何が言いたいかというと、「行けるっていう気持ちが積み重なると、それで夢の実現となるんじゃないか」ということ。つまり「行ける精度」が高まって、回数をこなすうちに夢が実現しちゃうんです。

もう一つのポイントは、「まず現場に行って、やってみよう」っていうこと。出版でいうと、「どうやってダイエットできるか」とか、ハウツー本は多いですよね。でも、読んで何もアクションを起こさない人も多いわけですよね。痩せたかったら、まず走ればいいだけなんです。

どんどん止めると成功する

本当に昔から、根性論が苦手なんです。それよりも、「どうすればショートカットできるか」「どうすればラクできるか」ということばかりを考えていました。

小学生のとき、学内で「エジソン大賞」を取りました。植木鉢の受け皿を2枚重ねて、マジックハンドをつくったんです。丸くなっているので、ゴミを拾うときにかがまなくてもよく、完璧に拾えるんです。でもそこで拍手喝采を浴びる前に、家のバックヤードで試作機をつくりながら何度もうまくいかなくて、悔し泣きをしました。でも完成したときには、親に見せると褒めてもらいました。

逆境にあって失敗があっても、そう思わないことが大事です。これはめずらしく、僕が根性を入れて成功した例です。

でも失敗はしますよね。僕もしょっちゅう失敗します。そしてそれが何回か続いただけで、止めちゃうんです。始める力も強いけれど、止める力も強い。早く止めるのも、コツがいるんですよね。それで止め慣れると、やたらと次にはすごいものがやってくるようになります。それは自然のルールみたいなものでしょうか。ロジックはわかりませんが、経験的にはそう思うことが多いです。

だからみなさん、「苦しいけれど成功するまでがむしゃらにがんばる」ということを自分に強いるのはやめましょう。

想像力がつくる現実世界

21世紀に生きる我々は、日常的にスマホのGoogle Mapを見ながら移動したり、LINEやSNSでやりとりしたりして暮らしています。

僕たちはいま、現実世界（リアルライフ）とは別に、電脳世界（バーチャル）の中にも人生があります。本書を通じて、リアリティが大事（Get Real）を謳っている箇所がありますが、僕は21世紀の電脳世界にも可能性があると思っています。

僕の知り合いの会社で、オリィ研究所というところがあります。彼らは日本橋に「分身ロボットカフェ」をオープンしました。重度の障がいを持つ方が、口でロボットを動かしてお客さんの対応をして働くのですが、これは非常に社会的意味がある試みだなと思いました。

そういったバーチャルとリアルのハイブリッドが起きることで、人がより生きやすくなるのなら、それは素晴らしいことです。そもそも仏教や宗教による精神世界も、ある意味では電脳世界に近い、リアルとは違った価値観だと思います。

もともとの人間はリアルであるけれども、新しい技術を駆使して精神世界を拡張していけば、それはリアルライフの充実ということにほかならないのではないでしょうか。

ＡＩにできないこと。
それは、寛容であること。
人を許す気持ちを持つこと。

たとえば、大きなトラウマを抱えた人の話などは、遮らないで傾聴することが大事でしょう？　でもAIって、絶対に答えを挟んでくるじゃないですか。

エリート教育復活

エリート教育とは、スノッブな教育のことではないんです。厳しい課題から選抜されるわけです。それは良い悪いでも、差別でもなく、途中で落ちる者は、自分の能力の限界を知って、「自分の道はこれではなかった」ということを客観的に理解することができる。つまり、これも多様性なのです。

「僕は数学の分野はめちゃくちゃダメだけど、国語は1位だな」とか「ここでは80番目だったけど、俺にはあっちの道があるぞ」とか。

僕は日大芸術学部を卒業しましたが、たとえば映画学科では、最初はみんな映画監督になりたくて、監督コースや演出コースを選ぶわけなんですけども、監督コースの70人が4年間でいろいろと学んで経験していくうち、監督を目指すのはひと握りとなり、他の人は「自分は舞台監督のほうが向いているかもしれない」「照明技術が好きかもしれない」と、自然に別のところに活路を見出していくケースを目の当たりにしました。

そういうことが社会でもあっていいのに、一律に「同じ山を登れ」という教育が、同じ方向を向いているサラリーマンを、社会に大量につくり出してしまったのかもしれませんね。

スモールコミュニティの時代

いま、小さなコミュニティって面白いじゃないですか。

20世紀はマスコミュニケーションの時代だったので、みんなと一緒が心地よかったんです。髪型も車も洋服も、流行り廃《すた》りがありました。でもいまは、過去のあらゆるスタイルを愛するコミュニティがあります。最近、Netflixが前よりも面白くないという声を聞くことがあります。あんなに面白くて、パンデミックの間ずっと熱中して観ていたのに……。最初に面白かったのは、『ハウス・オブ・カード 野望の段階』。メディアの草創期には、マイナーな作品がヒットすることがあります。

WOWOWがまだ知られていない頃は、『ツイン・ピークス』が爆発的にヒットしました。おかげでみんな、「ワオワオ」ではなく、「ワウワウ」と読めるようになりました。僕も創業に関わったスカパーチャンネルのAXNは、『LOST』というドラマで認知されました。

Netflixの最近の不調は、Netflixがすでにマスになった証拠だと思います。多くの視聴者の期待を最大公約数化すると、ハリウッド映画が陥ったアメコミ映画のシリーズ化と変わらない、凡庸なプログラミングムービーばかりになってしまうのです。

マイナーで、多様性があるもの。そうしたスモールコミュニティの集合体が、新しいブランドを築く時代です。いかに小さな関心の世界を体験することができるか。そのような状況について、名監督マーティン・スコセッシが語ったと言われる言葉があります。韓国映画の『パラサイト 半地下の家族』(2019年)がアカデミー賞を取った際、受賞したポン・ジュノ監督が凱旋《がいせん》記者会見で、次のように語ったのです。

「私が若かりし頃、映画を勉強していたときに深く心に刻まれた言葉がありました。それは〝最も個人的なことが最もクリエイティブなことだ〟です。これは、私たちの偉大なマーティン・スコセッシの言葉です」

21世紀は、個人的なことがきっかけとなる、スモールコミュニティの時代なのです。

現代アートは儲かる

スモールコミュニティに価値があるという話をします。

日本では米国に比べると、現代アート市場が5％にも満たないんです。ところがパンデミックが始まって、突然日本でも、現代アートブームがやってきました。きっかけになったのはSBIオークションです。米国では現代アートは立派なポートフォリオとなっています。２０２０年の夏から1年間、特に欧米のいろんな資産形成を見ると、現代アートへの投資は年率17％もの高利回りだったのです。２番目に大きな不動産の利回り13％を上回りました。もちろんその他の金融投資の利回りは10％以下。

つまり質の高いコミュニティであれば、小さくても需給関係が成立するんですよね。日本の状況はというと、20年遅れて、テック系によるスタートアップの成功例が出てきました。その連中が稼いだお金は高級車や高級レストランに費やされましたが、ここ数年はアートやサウナへ投資することがブームとなっています。グローバルにおける日本を見るときには、そのような世界の潮流を知っておく必要があると思います。

［参考］　２０２２年の世界のアート取引額は６７８億ドル（約9兆75億円）。最大市場の地位を占めるアメリカのシェアは45％を記録。次いで、イギリスが18％。3位は中国で17％。上位3カ国で80％とほとんどのシェアを誇っている。（２０２３、アートバーゼルとＵＢＳによる調査）
日本全体のアート市場規模は２１８６億円と推定。（２０２１、Art Market Report）

恋とは、
たった一人のことに対して、
思慮を巡らす行為。

どんな人間も、相手の考えてることは永遠にわからない。恋は、そのわからないことに対する冒険そのもの。

コミュニティ・バリュー

長くエンタメ業界にいて、日本にはとくに、クリエイターに対するリスペクトが低い国だと感じることが多いです。とくに経済的な評価が低いことについて、ずっと疑問を抱いていています。

先日、デザイナーにおける世界各国の平均収入というデータを見たのですが、日本は年収430万円。一方でオーストラリアは1500万円。乱暴な言い方かもしれませんが、日本は周囲と足並みを揃《そろ》えるサラリーマンのほうが給料は良くて、人ができないスキルを持っている人のほうが給料が安い。僕はクリエイティブな仕事をやっているので、クリエイターの人たちの価値がもっと高くなって、せめてサラリーマンと対等か、それ以上の報酬であるべきだと思うんですね。

昔の漫画の編集者は、大手出版社にいると給料もいいでしょう。一方で漫画家はデビューの頃は収入が低いから、「ちょっと前貸しお願いします」「しょうがないな」とか、やっていたわけですよね。でもそのうち売れて巨匠になると、「先生お願いします」ということになる。その頃とは違い、それがどんな状況にあろうが著者と一緒にパートナーシップを築いている人が、僕は「いい編集者」だと思うんです。

つまり経済価値の優劣で人と付き合う時代じゃなくて、「コミュニティ・バリュー」ですよね。その関係性において、価値をつくる時代だなと思うんですよ。

真面目ＤＮＡ

ソニー・ピクチャーズエンタテインメントに在籍していたときに、Ｍ＆Ａの担当をしていました。

あれは、打率なんですよ。イチロー選手のように、普段きちっとした目線を持って生活していて、ちゃんと世の中を見ていなければ、打率は上がらないんです。だから、どこかで真面目でないと。僕なんかふざけているように見られますが、どこかでそういう「真面目ＤＮＡ」みたいなのもあるみたいで、それが役立った。

真面目も面白いんです。ふざけていると見えないことも、真面目だと見える。

たとえば、エンジェル投資家は、気を衒《てら》ったアイデアのプレゼンよりも、起業家がどんなふうに社会に貢献できるか、真面目に考えている内容のほうが可能性を感じることが多いんです。
「これはおもろい」だけじゃなくて、「真面目に取り組むべき何か」を見つけること
のほうが、より大事なんですよ。

真面目で正直な自分が、
悪ふざけしている自分を
どこか楽しんでいる。

そういう自分の真面目な側面を楽しんでいます。自分の可能性が拡張できる気がするから。引っ込み思案な子どもが、「強い野球選手になりたい」とか「かわいいアイドルになりたい」と思うことと同じです。人生を進む中で諦めたり崩れたり卑下したり、そういうこともあるかもしれないけども、やっぱり真面目な自分を貫いていけば、なりたい自分に近づいていくのではないかと思います。

自分と社会の接点

「良い商品が開発できない」とか「どうしたら商品がヒットするのか」とか、そういう相談が来ることがあります。

で、お話をお聞きしていると、ほとんど問題点は一つなんです。「なぜ売れないか？」ばかり考えているんです。その商品が社会の新しい需要を喚起させるポイントについては、考えていないんです。

売れる売れないの前に、ビジネスマンには仮説が必要なんです。「こんな商品があったらいいな」というSF的な着想がまずあって、それを立証する旅なんです、ビジネスマンの仕事は。

イーロン・マスクは、毎日毎日ロサンゼルスの渋滞の中で車を運転して苛立った経験から、「高速地下道路があったら渋滞がなくなるんじゃないか」とトンネル掘削企業「ザ・ボーリング・カンパニー」をつくった。必ずしも順調に進んでいないけれども、それでもそれを実現させるためのすごい努力をしている。すごくないですか？

どんな仕事に就いている人も、社会との接点を自分なりの新しい解釈で説明できる人しか、本当の意味での成功はできない。

１００年時代って考えがわからない

ライフシフトという言葉が流行って、すっかり定着しましたよね。長寿化の進行により、これまでの教育↓仕事↓引退の「３ステージ人生」から、多様な選択を可能にする「マルチステージ人生」へ、生き方を変えるということらしいです。

僕は、人生を学校の授業みたいには考えられないです。宇宙的、神さま視点で人生を見ることができない。むしろ、近視眼的な「虫の視点」で見ています。この日、この瞬間に生きるっていう感じなんです。人生を俯瞰して見ると、きっと安定を求めてしまう。それが嫌なんです。

岡本太郎のエッセイに『人間は瞬間瞬間に、いのちを捨てるために生きている。』（イースト・プレス）という著書があります。このタイトルこそ、僕が共鳴する気持ちなんです。グラグラして不安定な「いま」を楽しむ。それが脳にアドレナリンも出て、最高なんじゃないか。仏教用語には「無量寿《むりょうじゅ》」という阿弥陀仏を指す言葉があります。

僕は、1歳で死んでも、100歳で死んでも命は一つと、自分なりに解釈しています。

「寿」は「いのち」という意味で、「無量寿」は「限りない命」を意味します。

瞬間に全人生が込められていると思って生きるほうが、素敵だと思いませんか。

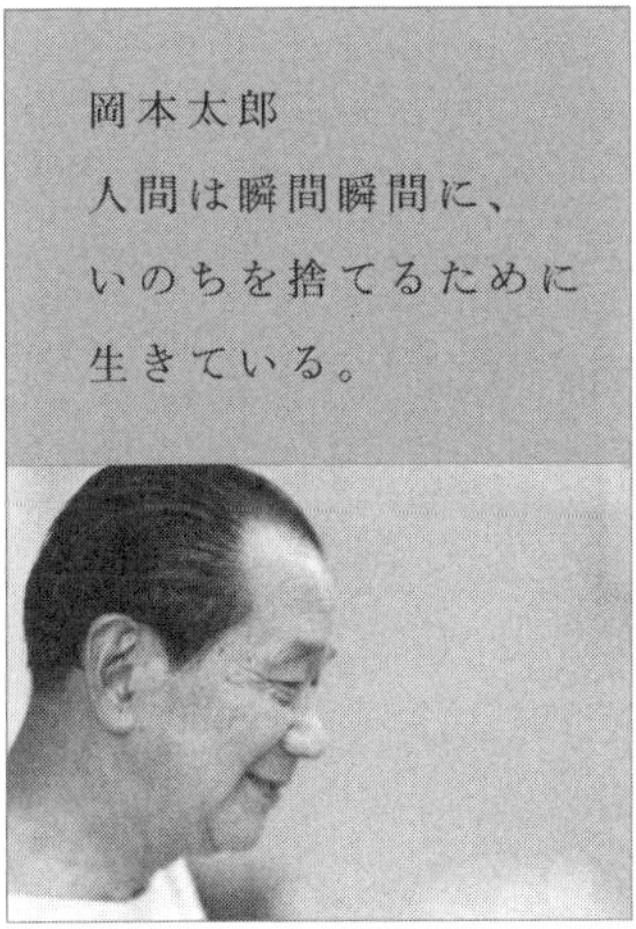

『人間は瞬間瞬間に、いのちを捨てるために生きている。』（岡本太郎著／イースト・プレス ¥1,950）2007年出版。岡本太郎の名エッセイ集

知っている人を知っている

人類の歴史が長く続き、単純なことが、より複雑になりました。

たとえば以前は車がエンストしても、ドライバーがある程度自分で修理することができました。でもテスラのような車はすでに過去の車と違い、巨大なコンピュータのような存在になり、到底自分では直すことはできません。

たとえば「アポロ計画」（1961年〜）ってあるじゃないですか。英語では「Apollo Programming」（アポロプログラミング）っていうんです。なぜかというと、アポロはドローンのようなものなので、乗組員は、向きを変えるぐらいしかできない。つまり遠隔操作で、ヒューストンから月まで行くようにプログラムされていたわけなんです。

そういうことがより複雑化したのが現代。大手銀行がシステムエラーを起こし、

5000億円以上かけてメンテナンスをしても、その原因はわかりませんでした。このような複雑化した時代にあっては、われわれ個人がすべてのことを解決するのは不可能になりました。

これから求められるビジネスマンは、知らないことがたくさんあってもいいけれど、「知っている人を知っている人」であればいいと思っています。自分が知らなくても、「知っている人」を知っていれば、問題は解決できます。そのことをより効率的にするために、同じ社内の人間とだけ付き合っていてはいけません。

自分のコミュニティを出て、友達の友達に会うようにしましょう。

SNSによる誹謗中傷根絶案

SNSによる誹謗中傷が社会問題になっています。便利なはずのインターネットが人を悲しませたり、ときには悲劇的な自死に追いやったりする報道を見るにつけ、心が痛みます。僕は幼少期から人を楽しませるのが好きで、このエンタメ業界に入りました。

2010年以降、X（前ツイッター）、Facebook、インスタグラムなどのSNSが大流行し、いまは一般生活に定着しています。十把《じっぱ》一絡《ひとから》げにSNSと言いますが、それぞれに特徴があります。Facebookやインスタグラムも実名を離れて発信することができますが、基本的には実名での登録になっているので、あまり炎上は見かけません（ただし、思想の違いによる激しい討論などは見受けられますが……）。

いちばん問題なのは、Xだと思います。ほとんどが匿名、アイコンも自身の顔ではなくやっている方が9割以上。その背景があるためか、非常に気軽な気持ちで人を傷つけるツールとなってしまいました。

放送局の免許を総務省が監督するように、なぜこれほどの影響力を持つマスメディアに対して当局からの監督がないのか、僕は不思議でなりません。Xを通じて人はどれだけ傷つけられたのでしょう。そう考えただけで、なぜ国がこれを放置しているのか理解できません。実名登録を義務化すべきであり、暴力的な投稿については、第三者機関によるモニタリングなどを行い、適切な処置をプラットフォームに促すということを制度化しないかぎり、この「SNS被害」をなくすことはできないでしょう。

こんな簡単なことができない、人間の能力に無力さを感じざるを得ないですが、僕はこのことをきちんと制度化できるよう、国に働きかけていきたいと思いました。

「こんな簡単な問題」だからこそ、みんなで話し合って解決しませんか?

嫌いな人に、
好きになってもらおうと思わない。

「以前は好きだったことがあったかもしれないけれど、何となく合わなくなってしまった」ということはある。それなのに、無理に付き合う必要はありません。自分の周囲には好きな人だけがいればいいと思うし、嫌いな人に好かれる必要もないでしょう。

アプリで解決する社会課題

川口加奈さんが運営している大阪のNPO法人「Homedoor」に協力しています。ここはホームレスの方の就労支援をしていて、ごみ拾いだとか、自転車パンクの修理だとか、20種類くらいの仕事を開発しています。

加奈さんに「いくら社会復帰してもらうためとはいえ、職種としてはもう十分ではないですか？」と聞いたら、「選択肢が多くある社会をつくりたいから、もっともっと開発したい」と言われて刺激を受けました。人手不足に悩む地元の飲食店と、地元に精通したホームレスをマッチングさせて、出前を受け付けていない食堂に出前をしてもらうというスマホアプリも開発するとのことでした。このアプリの企画はGoogle「インパクトチャレンジジャパン」という賞を取って、資金もできたそうです。

彼女自身、1年間で170人くらいのホームレスを世に送り返しているという強力なパワーの持ち主なんですが、アプリをつくることでさらに支援を進めることができる。Uber とか Airbnb とかもそうですよね。すごいです。

3章

一つの「好き」もたくさんの「好き」になる

クリエイティビティは、
たくさんの人生を知る人から生まれる。

たくさん本を読み、たくさん旅行に行く。文字の知識と体験の知識。この両方がないと、クリエイティビティは欠如する。読書は人を考えさせる。旅は、体験を通じてやっぱり考えさせる。考える要素が多い人生っていうのは、クリエイティブにならざるを得ないのです。クリエイティビティは、体験と比例して増大します。

遊びが育てるクリエイティビティ

たくさん遊ばなきゃいけないとなると、知力、体力、クリエイティビティがむっちゃ要るんですよ。

僕も「なんでそんなに遊んでるの？」とよく言われますが、「遊ぶことって仕事より大変で、すごくクリエイティビティがいるんです」と答えるんです。

遊ぶことは、頭の体幹を鍛えるのに最適なエクササイズだと思います。

飛行機に乗るだけで多様性がわかる

日本に生まれて、日本で暮らしているので、日本がもっと良くなってほしいと思う気持ちはもちろんあるんだけど。でも、もうちょっと多様性を磨いたほうがいいですよね。そのためには、日本から出るような旅をしましょう。

飛行機で14時間も座っていたら、地球の反対に近いところまで行けます。地球一周って約4万キロ。東京からロスまで1万キロくらいだから、世界一周ってその4倍弱。簡単なんですよ。世界は距離的にそんな遠くない。そういう異文化の中へ行って、その人と話すことで、多様性の必要性についてわかると思います。

突然、地元から脱出しようっ！

僕は小学生の中学年くらいから、地元にいなかったです。もちろん地元のテリトリーは熟知していました。それでは飽き足らず、山を越え、川を越え、丸一日かけて隣町に行くんです（大阪と京都の境にあるウイスキーで有名な山崎から天王山を越えて、長岡天神まで行くんです。もちろん親には内緒で）。帰りは電車で普通に戻るんですけど（笑）。「子どもの旅なんてしれてる」という大人は多いですが、大人もたいした冒険、してなかったですよね。

いまにして思えば、そんな子ども時代は一次情報の宝庫でした。少し危険な大自然を通ると、街が見えてくるんです。そこには近所の知り合いのおばちゃんはいなくて、まるで海外に行ったような気持ちでしたよ。そうやって、子どものときから五感を研ぎ澄まして、自分の肉体で体感することをしていました。だからいまはそれがスケールアップして、「よーし、いまから行ったことないアジアに行こうか」ってやっちゃっています。

大人の冒険も子どものときと同じ楽しさがあります。会社なんて、休んじゃえば！

できるだけ
知らない人が多い場所に行く。
それがいい旅をする秘訣。

自分はどこにある？

「自分探しの旅に出る」ってよく言われますが、「自分がないままに、自分のいないところに旅に出る」っていうことですよね。

それって考えてみれば、自分が探せるわけないいんです。

あれ、何でみんな言うんでしょうね。（自分を探しに）行ったって、そこには何もないのに。むしろ、正確に言うなら「自分じゃないこと探し」なんじゃないですかね。

ストリートスマート

中央線沿い。サブカルの聖地ですけど、それだけ文化があるということですよね。ボブ・ディランはサブカルだったわけですが、ノーベル賞を取ったから、メインカルチャーになった。メインカルチャーになるためにサブカルをやっていたわけではないんでしょうけど。そういう雑多なストリートにあるものが、成熟した文化を生み出すということの一つの証明になっていると思うんです。

タワマンから、カルチャーは絶対に生まれないと思うんです。

自分探しとは、
同一性を求めているだけ。
いい旅で得られるものは、
「全く違う自分」。

新しい自分というのは、他人からしかもらえないものです。「興奮して眠れないほど面白かった！」という日って、初めて会う人からいろんな新しい話を聞いたときじゃないですか？ 慣れ親しんだファミリーは安心だけど、そこから新しい自分は生まれにくいですよね。

シェアレス＝孤独を楽しもう

「読書というのは、ネットとは真逆のメディアです」という、ブックディレクター幅《はば》允孝《よしたか》さんのお話が、とても興味深いと思ったんですね。

どういうことかというと、即効性のあるネットに対して、「読書の良さは遅効性である」と。つまり3時間とか5時間とか、一定の時間をかけて読まないと内容がわからないし、ネットでいうところの「シェア」が全くできないということです。シェアできるとしたら、読み聞かせのできる絵本くらいでしょうか。

普通の読書は孤独なものですが、その孤独がとても大事なんですね。みなさんも、たとえば何か知りたいことがあったとき、ネットで検索しますよね。すると、ある程度のことはわかります。でも「もっと知りたい」となると、深いことっていうのは、本の中にしかヒントがないんです。

だからやっぱり、読書はしたほうがいいですね。共鳴するものもあるし、しないものもあって、それが自分と社会の距離を測るのにすごく向いているんです。

読書は、人を知的にするだけではなく、客観的な視点をもたらしてくれます。見流すだけのメディアから少し、距離を取りましょう。

「新潮文庫の100冊」は、
長生きに必要な優良図書ぞろい。

もし知的な人になりたいのならば、本を読みまくること。ただし手当たり次第に読むよりも、「新潮社の100冊」がいい。小中学生に向けた夏休みの推薦図書だけあって、三島由紀夫や安部公房、カフカ、ドストエフスキーなど、良書しか入っていないから。

ワイドショー脳になるな

いろんなことが知りたいんです。培養人工肉がどんな味か、AIがつくるアートはどんなものか、インドで流行っている企業がどんなサービスか。

僕は常々、東京（同じ場所）にばかりいると「ワイドショー脳になる」と言っているんです。それは、均一の情報が一方的に流れてきて、みずから考える力を奪われるという意味。そこには考える余地もないような、最大公約数の魅力のない出来事が語られているだけなのです。

脳も筋肉である限り、鍛えなければ瞬発力がなくなります。外界の刺激に対して反応できないから、どんどん衰えて受け身になっていくんです。僕のように外遊びが大好きだと、ワイドショーもSNSも見る暇はないんです。

だから街へ出ないとワイドショー脳になるから、もっとみんな、遊びの筋力を鍛えたほうがいいですよ。

無いものを信じる力

「フィルターバブル」という言葉があります。

これは、インターネットで自分が心地良い選択をし続けることによって得られる「偽の快適な世界」のこと。全然、嫌な情報が入ってこないので、好きなこと、興味のある情報の中で暮らせちゃうんですね。そういうことをどう打破していくのか。みんなで考えていかなければならない社会状況だと思います。

このネット社会においては、背景にあるアルゴリズムにより、心地いい情報ばかりが集まってきてしまう。そのことを知らずにそうなっているのと、知っていて対応するのでは全然違います。だからフィルターバブルの中で、同じ価値観の世界だけに閉じこもるのではなくて、「本当は、そうじゃないんじゃないか」「そうじゃないとすれば、実際はどうなんだ」ということをしつこく考えていく。そう考えると、自分の見識が拡張されるんです。

インターネットの知識なんて、せいぜい30年間くらいの蓄積でしょう。本の知識は活版印刷が始まった15世紀から。というと、700年ものデータベースがあるんですよ。さらに言うと、人間の直感は、月の裏側にも及ぶことができるんです。

在るものを信じないで、無いものを信じることがあるいうことを忘れないでください。全く想像を超えたものがある。昨日の連続で明日は来ないということだけ、直感的にわかっていればよろしいと、僕は思います。

最近、神社に行きましたか？
心のゆとりを図る、
指標の一つです。

神社へのお参りは、アポなしの自主企画、自主行動。心のゆとりがあるからできるのです。サンタモニカのビーチには、老若男女、一人で読書をしながら日光浴を楽しむ人が大勢います。その光景は、「ゆとりの塊」でした。

サーチエンジンは何も教えてくれない

僕ら昭和の世代はまだメディアが少ないときに育ったから、徹底的に何かを調べようと思ったら、国会図書館に行くよりなかった。コピーをとろうと思っても、著作権の関係で何度かに分けて行かないといけなかった。そんなこと、Z世代に言ってもさっぱり通じないですよね。

「ググればいいじゃん」って言われますけど。でも、グーグルには欲しい情報はあまりないことが多いです。後輩に面白い話をすると、次の日に連絡があって、「ググったけど福田さんから聞いた話は出てきませんでした」って。そりゃそうですよ。グーグルでわかることが全部だと思っちゃったら、世界はつまらなさすぎるでしょう。

最近、とても頭のいい友達が不幸にも癌《がん》になりました。僕は医大関連の付属中高に行っていたので、お医者さんの同級生が多いんです。友達には、その分野の最高峰の先生と病院を紹介しました。ところがしばらくすると、紹介したはずの病院に通わなくなるんです。「どうしたの？　何か問題があったの？」と聞くと「切らずに治すクリニックを見つけた」。それは大学病院ではなく、保険の利かない高額クリニックばかりです。もちろんすべてのクリニックが悪いわけではありません。問題は、彼がそのクリニックを見つけた方法です。

自分がいちばん苦しまない治療法を、赤の他人のレビューなどを参考に決めてしまう。結果、苦しいけれども確実な治療を提案する大学病院ではなく、切らずに治ると謳う民間療法を選んでしまうのです。

命がおびやかされる病においては、「苦しい治療はやりたくない」と、すがる気持ちはわかるのです。インターネットは広告ツールの一環として使う分には便利ではあるけれど、使い方を間違えると、「間違った依存を生むメディアになる」と言えるのかもしれません。

インターネットが世界のすべてではないのです。

スマホの電源を切ると、
心にゆとりが生まれますよ。
デジタルデトックス。

アートというメディアは何なのか。
たった一人の「好き」を探すための
ツールです。

2枚と同じものはないから。100万人にリーチしなければならないマスマーケティングとは違い、アートはたった一人の人が好きになってくれたらそれで終わり。それでいいんです。だから僕はアートが好きなんです。

ある日ある時思いついて、
目的もなく、電車に乗ってみよう。

ＪＲ新宿発の中央本線に乗って、松本に着いたら在来線の篠ノ井線で長野、信越本線に乗り換えて小諸まで行ける。そういう意味では、ＪＲ中央本線の新宿駅っていうのは、人生の起点になりうると思います。

弱《よわ》弱《よわ》連合を築け

弱い人を助けなさいって、どんな意味があるのでしょう。自分は強いからそれでいいじゃないかと思う人もいるかもしれません。でも違うんです。

弱い人は助けないといけないんです。これは倫理の話ではないんですね。生物が進化の中で必要とされてきたスキルなんです。みんながみんなターザンみたいに強かったら、衣服を発明する必要はありませんでした。どこかで弱さを認識したから、屋根のある家ができたのです。そして、弱い人同士が少しずつ助け合うことでそれがコミュニティとなり、都会に発展したのです。

ビルの中にいれば、雨に濡れずに働けます。突然具合が悪くなっても、近所に病院があれば助かります。人間の生活に「ウィンウィン」などという関係はありません。むしろ逆に弱弱（よわよわ）連合なのです。弱い人を助けるから、人類は生き延びることができたのです。

弱い人を助けるということが、人類継続のパワーツールであると、そう思ってください。

限界突破術

僕は両親から怒られたことが一度もありません。

とくに父親のコミュニケーションセンスはピカイチでした。幼少の頃、ほかの親なら「絶対にこのボタンを押しちゃいけない」というところを、父からは「積極的に押してごらん」と育てられたのです。「そのボタンを押したら、指を怪我するかもしれないけどね」とか言われて、「えっ?」と思いながらでもやっぱり子どもだから押しちゃうんです。何でもやらせるのですけど、その前に考える余地を与える。ずっとそんな感じでした。

だから僕は新しいことをやることに対しても、リスクを取ることに対しても、なんにも怯えることがなかったんです。友人が、「福田はいいな、いつも新しいことばっかりやって」と言うので、「なんで？　やってみればいいじゃん」って返したんです。そしたら、「いや、自分は母親からいつも、新しいことはやるなって、そう言われて育ったからできない」と。そこで、育った環境ってあるかもしれないなと思いました。

でもいまにして思えば、そういう人も、限界を突破する力をつけることができると思います。それはイマジネーションの力なんだと思います。

突破した先がどうなっているか、見てみましょうよ。

すごい情報は街にある

僕は本当に家にいないんです。自分でも、「よくこれだけ外にいられるな」というぐらい、ずっと外にいます。すると街で起きていること、つまり一次情報に触れる時間が圧倒的に増えるわけです。

世界人口約80億人のうち、ネット普及率は約65%です。ウクライナ支援で有名になったイーロン・マスクのスターリンク社やFacebookの創業者のマーク・ザッカーバーグがどんどんネットのアクセスポイントを増やすために衛星を打ち上げていますけれど、それでもまだ、後進国では3分の2の人々はネットアクセスができていないんですよね。だから「情報はネットに全部ある」なんて思えるのは、先進国だけなんです。

街でしか体験できないことは、まだまだたくさんあることをお忘れなく。

全力遊び

僕は1965年生まれなんですけど、時代が良かったんですね。幼少期は毎日外で全力遊びをするので、直感が磨かれざるを得ない。公園で、よく野球をして遊んでいました。うちの目の前が公園だから、親が迎えに来るのがいちばん遅いんですけど、離れたところの家の子は、「もうご飯よ」と親が迎えに来て、だんだん人数が少なくなる。でも僕らは夕方になっても野球をやめたくないから、親が迎えに来ないメンバーだけが残る。そこで、3人だけで野球をする遊び方を開発するんですよ。いちばん大変なのがバッター。キャッチャーと兼務なので、空振りすると、そのままボールを取りに行かなきゃいけないんですね(笑)。外野と内野も1人で兼務だから、打たれたら走りまくって大変なんです。ピッチャーは、ピッチャーだけなのでラクなんですけどね。

そんなふうに、日常が全力遊びの連続でした。

ところがいまは、子どもは「知らない人と話しちゃダメ」と言われてしまう。おかしな事件も多いので、仕方がないのかもしれませんが。

先日、都内のとある小学校で、「人間」という授業をやったそうです。包丁職人さんなどを呼んで、どういう仕事をやっているのか話してもらうんです。子どもたちからは、「月収、いくらですか」という質問が出たといいます。「最近の子どもは」なんて嘆くのは勝手ですが、子ども側からすれば、「大人と接するな」と言われてきたのだから、そうなってしまっても仕方がないと思うんです。社会が、そういうふうになってしまったのだから。

なのでやっぱりもう一度、子どもたちが五感を磨けるように、全力遊びを取り入れるべきなんじゃないかなと思います。街を知ることでその人間の脳は、リアリティが増えていくんですよ。

アメリカでは、１９９０年代半ばから２０１０年代に生まれた人を「Z世代」と呼びます。

その世代の人たちと話していると、異様に理路整然としてしっかりしているんです。その背景について、テクノロジーの進歩とともに、「子どもや若者の脳のCPUが上がっているからかもしれない」と見立てています。ただ奇妙なのは、そのしっかりとした言説も、体験に裏打ちされているものが少ないと感じること。

脳が肥大化して身体が萎縮したままであるとするならば、やはりこれからも、全力遊びは必要ではないでしょうか。

Q. 友達のつくり方を教えてください。

A. 食事に誘うこと。それが鉄則です。

ビジネスでも言えることですが、「一緒にメシを食べに行く」というのは、人間の本能的行為。立ち居振る舞いとか、趣味嗜好などが全部わかる。どんな立派なプロフィールを見て面談をするよりも、「一緒にメシに行く」。それだけで、その後友達になるかどうかが決まります。

オンラインミーティングだけでは、
友達になれない。

オンラインミーティングでしか知らない人を、自宅の新年会には呼ばないですよね。

人類に必要なもの

本当に便利な時代になりました。僕は１９９７年に、Aptiva（アプティバ）というＩＢＭのデスクトップパソコンを中古で買ったんです。容量はたしか５００MBぐらいだったと思うんですけども、友達と電話で話すのではなく、メールでやり取りして初めて渋谷で合流できたときの感動をいまも忘れません。

そんなことで感動するなんて、若い世代の人には全く理解できないかもしれませんね。けれど便利の背景にも進歩があって、そのときはメールを通じてリアルに人に会えるということが奇跡に思えたんです。そう考えると、ＳＦ的発想ってすごく大事ですよね。

たとえば、自分の頭の上を24時間、静音の自分専用ＡＩドローン（ＡＩアバター）が飛んでいたとしますよね。深夜に若い女性が帰宅するとき、駅から自宅まで、そのドローンがずっと見守ってくれたら安心じゃないですか。そしていま、スマホが自分の代理にやってくれる煩雑な仕事って多いと思うんです。Siriに声をかければ、それだけでレストランに予約の電話をしてくれたり、秘書がいなくてもGoogleスケジューラーで予定を管理でき、それをまた相手と共有することもできたり。10年前までは煩雑だったことが、いまは何でも簡単にできてしまいます。

AIドローンでもスマホでもいいんですが、そういった自分のエージェントが、AIによる学習機能でどんどんカスタマイズされたら、本当に人間は暇だらけになって、遊んだり考えたりすることが主な仕事になっていくのではないでしょうか。だから、「日々の煩雑なことがすべてなくなったときに残るもの」は何か。これについて考えることが大事になるのです。

僕は36年以上、エンタメ業界に身を置いてきました。

人を楽しませる。人がそのことによって感動したり、笑ったりすることは、人生にとって大きな喜びでした。もしかしたら、笑いの多い人は、寿命も長いんじゃないでしょうか。そう考えると、「生きる意味は、質の高い毎日を暮らすこと」という意味においても、エンタメというのは人の人生に絶対に欠かせないものでしょう。

東日本大震災が起きたとき、週末ごとに被災時に行って歌を聞かせたり、読み聞かせをしたりする人のことを非難する人がいました。「食うや食わずのときに、歌などいらない」という理屈だったと記憶しています。もちろん人間ですから、毎日美味しいものを食べたいとか、雨風が防げる、地震が防げる家が欲しいと思うのは当然ですが、エンタメは生活の基本インフラのあとに来るものではなく、同時にあったほうがより前向きな気持ちになれると思います。

エンタメは、生きるために、食物や家と同じぐらい必要なもの。そう思って僕は、この仕事を愛して、長く続けているんです。

自分認め力100%

頑張ろうとやってみたことでも、途中で合わないと思ったら無理して続けることないんです。時間の無駄かもしれません。なんなら、その会社は辞めちゃっても構わない。

「おいおい、3年ぐらいは我慢しろよ」って言う先輩いるかもしれませんけど、僕のまわりには3年我慢しないで成功した人はいっぱいいます（笑）。そこにルールなんて、何もないんですよ。

僕自身、勢いで会社を辞めちゃってますから。人のためではなく、自分のために生きているのです。就職活動が始まると、企業は「信念の人」みたいなものを前提に求人計画を立てて、「そういう人が欲しい」って言いがちですが、僕自身はそんな社員にはなれなかった。気が散って、すぐ飽きちゃって投げ出してしまう。だけど飽きるってことはまた別に新しい関心事ができるわけで、そういう生き方でもいいんじゃないかなと思います。

わがままかもしれないけども、人の顔色を窺ったり、他人から言われたことばかりやっていたりしても、やっぱりつまらない。意に沿わないことは途中で投げ出しても、自分自身が充実していたい。それを貫けば、まわりにも少しは影響を与えることができるんじゃないかな、と都合よく考えています（笑）。

ナゼナゼどうして少年

僕はいまでも「ナゼナゼどうしてどうして少年」って呼ばれているんですけど（笑）、いつも「どうして？　なんで？」って人に聞いているんです。

それをずっと言っていたら、昔は先輩にすごく怒られたんですよ。「自分で考えないで質問ばかりしている」って。でも質問することで物事が因数分解されて、自分なりの真理と言ったら大げさですけど、そういうことがわかるんですよね。疑問に持つことで、先がぱーっと開くという経験をしてきました。

だからできるだけ「いい質問をする」ことを心がけています。

質問力の本質

僕はいつも、疑問や質問が多い人間だと思います。どちらかというと（あ、ぅん）を求めるよりも、（ナゼナゼどうして？）と考えるんです。

僕は25年続いたCNNの生放送トーク番組『ラリー・キング・ライブ』を観るのが好きでした。

ライブトークの名手であるラリー・キングは、火災現場の取材をするとき、出火原因や延焼被害を伝えることには興味がなく、「あなたはなぜ消防士として火に立ち向かうのか」という質問をしました。

これは、ラリーが僕と同様に、人のことがたまらなく好きで、そして人の心は素敵な謎に満ちた存在であると思っていたからではないでしょうか。

『インタビューズ　ラリー・キング・ライブ・ファイナル』（CNN English Express編／朝日出版社 ¥3,501）2011年発売。伝説のトーク番組「ラリー・キング・ライブ」25年にわたる歴史の中から厳選したインタビュー集。生声CD＆電子書籍版付き

アンテナを鋭くせずに、
気持ちをぼんやりとさせておく。
すると、好奇心は強くなる。

なぜなら、ぼんやりしているほうが、
不思議と人の話をフラットに聴くこと
ができるからです。

あとがき

2023年ほど、あてにならない年はなかった。自分にとって。

一年の抱負がいかに意味を成さないか。そもそも、人生の一瞬先は誰にもわからないものかもしれない。

2023年は、自宅の引っ越しを2回した。2月に念願の沖縄ヴィラ完成、オフィスの引っ越しと出戻り、3月にBARをオープンさせ、たった4カ月間でクローズして友達に譲った。終の住処として決めた自宅さえ5カ月で撤退、激動の一年だった。

中でも、STARTO ENTERTAINMENTの社長になったのは青天の霹靂だった。誰がこんな展開を予想しただろうか？　いちばん驚いたのは、日本中ではなく自分だよ。

だから、この非常に特殊な体験から得た教訓をみんなに伝えたいと思った。

好きなことばっかり、次々とやっていいんだよー。誰がなんと言おうと好きなことを見つけて、それが大切に思えたら、頑張る。自分の人生は自分が船長なんだ。だから、自分を思いっきり認めて褒めてあげよう。それがいちばん大切な気づきだった。
好きな人がやっていることを好きになる。この連続で生きてきた。昔からの仲間、突然できた300人を超える新しい仲間も。
人生、先が読めないから楽しいのかもしれない。苦しいときでも楽しくなれる。明るい友人や親切な仲間に支えられているから何の心配もない。自分が何でも楽しもうとすることでまわりも明るくなるし、些細な問題はすぐに吹き飛んでしまう。

好きな人が、好きなものが、好きなことになる。

あなたも試してみてください!

出版にあたって、この本を手に取ってくれたみんなに謝辞を述べたいです。
2023年12月17日　編集担当の井尾淳子と。

福田　淳

PROFILE

福田 淳

ATSUSHI FUKUDA

株式会社スピーディ 代表取締役社長
Speedy Gallery, Inc. CEO（サンタモニカ）
STARTO ENTERTAINMENT, Inc. CEO
株式会社オッドナンバー 社外取締役・NPO アシャンテママ 代表理事
J-Collabo.org Corp ボードメンバー（ニューヨーク）
横浜美術大学 客員教授
金沢工業大学コンテンツ＆テクノロジー融合研究所 客員教授

多岐にわたる企業の経営を行う。任されてきた企業を全てにおいて黒字化。世界19カ国での出版事業、日本でタレントエージェント、ロサンゼルスアートギャラリー運営、カリフォルニア全域、テキサスと沖縄でリゾート施設展開・無農薬農場開発、エストニアでのNFT事業、スタートアップ投資など世界中でビジネスを展開。『ストリート系都市2022』（高陵社書店）『スイスイ生きるコロナ時代』（高陵社書店 共著 坂井直樹氏）『パラダイムシフトできてる？』（スピーディBooks）『SNSで儲かるなんて思ってないですよね？』（小学館）『これでいいのだ14歳。』（講談社）『町の声はウソ』（サテマガ）など著書多数。

2023年 12月 株式会社STARTO ENTERTAINMENT 代表取締役CEO
2018年 3月 株式会社スピーディ 代表取締役社長
2007年 4月 株式会社ソニー・デジタルエンタテインメント 代表取締役社長
2001年 1月 株式会社ソニー・ピクチャーズエンタテインメント バイスプレジデント

受賞歴

カルティエ「チェンジメーカー・オブ・ザ・イヤー」受賞（2016年）
ワーナー・ブラザース「BEST MARKETER OF THE YEAR」3年連続受賞（2012－14年）
日経ウェブ「21世紀をよむITキーパーソン51人の1人」選出（2001年）
文化庁「コンテンツ調査会」委員
経済産業省「情報大航海時代考える研究会」委員

本当に
ありがとう

好きな人が 好きなことは 好きになる

2024年3月27日　第1刷発行

著　者　福田 淳
発行者　福田 淳
発行所　株式会社スピーディ
〒106-0032 東京都港区六本木7丁目7-7-8F
TEL: 03-5614-0363　FAX: 03-5614-0383

印刷・製本　シナノ書籍印刷株式会社
ブックデザイン　三好誠（ジャンボスペシャル）
本文イラスト　竹田幸恵
校　閲　合同会社コトノハ
企画編集　井尾淳子（Speedy, Inc）

©Atsushi Fukuda2024　Printed in Japan
ISBN コード　978-4-7711-1070-0

本書の内容（文章、図、写真等）の無断転載を禁じます。

本書のコピー、スキャン、デジタル化等の無断転載は著作権法上の例外を除き、禁じられています。落丁・乱丁の場合は購入書店名を明記の上、小社問い合わせ先までお送りください。